如何让你爱的人爱上你 ❷

准确找到高质量的伴侣

[美] 莉尔·朗兹（Leil Lowndes）著

韩冬 译

民主与建设出版社
·北京·

© 民主与建设出版社，2022

图书在版编目（CIP）数据

如何让你爱的人爱上你：2 /（美）莉尔·朗兹著；韩冬译. -- 北京：民主与建设出版社，2022.11

ISBN 978-7-5139-4026-9

Ⅰ. ①如… Ⅱ. ①莉… ②韩… Ⅲ. ①恋爱心理学 - 通俗读物 Ⅳ. ① C913.1-49

中国版本图书馆 CIP 数据核字（2022）第 216056 号

UPDATING: HOW TO GET A MAN OR WOMAN WHO ONCE SEEMED OUT OF YOUR LEAGUE
Copyright © 2004 BY LEIL LOWNDES
This edition arranged with Jill Grinberg Literary Management LLC
through BIG APPLE AGENCY, LABUAN, MALAYSIA.
Simplified Chinese edition copyright:
2022 Beijing Zito Books Co., Ltd.
All rights reserved.
著作权合同登记号：01-2022-6709

如何让你爱的人爱上你：2
RUHE RANG NI'AIDEREN AISHANGNI 2

著　　者	［美］莉尔·朗兹
译　　者	韩　冬
责任编辑	郎培培
封面设计	紫图图书ZITO®
出版发行	民主与建设出版社有限责任公司
电　　话	（010）59417747　59419778
社　　址	北京市海淀区西三环中路 10 号望海楼 E 座 7 层
邮　　编	100142
印　　刷	艺堂印刷（天津）有限公司
版　　次	2022 年 11 月第 1 版
印　　次	2022 年 11 月第 1 次印刷
开　　本	889 毫米 ×1230 毫米　1/32
印　　张	7.25
字　　数	145 千字
书　　号	ISBN 978-7-5139-4026-9
定　　价	55.00 元

注：如有印、装质量问题，请与出版社联系。

Contents
目录

1 前言

Chapter 1 是什么阻碍了我
为什么我总是找不到我想要的伴侣

003　昆虫和野兽在选择配偶时比我们更聪明
004　问题1：害怕失败
005　问题2：总和熟悉的人待在一起
006　问题3：当你极度需要爱的时候
006　问题4：认为生活和爱情是命中注定
008　如果那只青蛙仍然让我兴奋呢
010　是时候玩下去了
012　这本书中，都是事实
013　爱情专家编写的无效术语

014	那么，秘诀是什么
016	爱的精明交易原则
020	你要成为一个王子，才能得到一个公主
021	爱情中的"门当户对"
022	"种瓜得瓜，种豆得豆"
024	意外收获

Chapter 2 除非你甩了青蛙，要不你找不到对的人
为找到更好的伴侣铺平道路

027	让青蛙跳走，是一切的开始
029	别让这样的事发生在你身上
032	放弃青蛙的正确做法
033	女人，要么抛弃，要么溺死
038	男人们，去接触你内心的懦夫吧
040	6秒第一印象
042	"如果你想猎杀它，就得知道它的习性"
044	可以带走我，也可以离开我

044	你必须成为一条变色龙
047	假装成功直到变得成功
048	"位置，位置，还是位置"
049	过度分析
052	男人讨厌被拒绝，女人不想太主动
053	爱的近距离法则
058	吉莉安是如何找到王子的
060	接近你想结识的人的方法

Chapter 3 如何找到一个真正的好人
俘获一位尊贵的王子或公主

065	如果没有吸引人的外表，怎么办
067	谁的外貌更重要，男性还是女性
068	俘获美貌伴侣的秘诀
069	他/她为什么选择了这样的人而不是我
075	拍马屁不会让你赢得美人
084	我爱你是因为你爱你自己

Chapter 4 如何找到一个富有或优质的伴侣
"阶层"不是禁忌词汇

- 090 什么是"优雅的"
- 097 家中绝对不能出现的物品
- 108 测测你的家有多"优雅"
- 112 高级汽车，不是你想的那样！
- 118 选对休闲娱乐事半功倍
- 120 上流人士的穿衣指南
- 130 最准确的等级指示器：表达方式
- 134 外表有多重要
- 136 你是否依旧渴望加入上流社会

Chapter 5 如何找到一个完美的伴侣
好男人和好女人都去哪儿了

- 143 一个小疏漏都会让你成为过去式
- 144 以诚信作为诱饵
- 146 人们通常会与这样的人结婚
- 147 怎样亲手断送一段感情

149	女人的"恋爱脑"有多可怕
153	展示你最好的一面，马上
154	如何在相亲市场脱颖而出
157	性和性格
159	你的家不是你的城堡，它是你灵魂的一角
161	一走进你的办公室，她就是夏洛克·福尔摩斯
163	选择伴侣格外重要的一点
164	情投意合也分为不同的种类
165	假装是成功人士的代价
169	"异性相吸"存在吗
170	一出好戏

Chapter 6 如何俘获独一无二的伴侣
驯服神秘的王子或公主

176	在他们的习惯栖息地追踪
177	用大脑而不是肌肉来获得他们想要的东西
179	你应该知道的事情
181	做你自己，展示你最有趣的那一面

Chapter 7 关键因素是自信
自我感觉就是一切

187　可以驾驭一切的品质
188　人性投资与回报率
190　他们到底哪儿做错了
194　仰慕者定律
194　自我肯定是成功第一步
196　自我探索让你更动人
198　激情比天气预报还不靠谱
206　写在最后

209　注解
213　作者简介

Introduction
前言

多少次你坐在餐厅里，盯着桌对面的人，心里想着："该拿这个'青蛙'怎么办呢？"也许你会这样安慰自己："这个镇上实在没什么有趣的人。"或者想："工作时也见不到令人激动的人。"又或者是："好的都被挑走了。"

你可能会自虐式地把它归因为自己假想的缺点。先生们，和那不合心意的约会对象一起用餐时，你偷偷瞥了一眼邻桌那个绝代佳人，她正害羞地和她的约会对象聊着天。你自嘲道："这样的美女怎么会愿意和我这样的废物一起约会呢？"

女士们，当你坐在车里，而你的约会对象正在给自己那辆抽水泵一般的破车加油，你满怀渴望地看着一位风度翩翩的绅士，正在给自己的捷豹加高标号汽油。你问自己："我怎么找不到一个那样的男人？"

在内心深处，你知道你是值得的。"如果他们了解我，他们就会认识到我的优点并爱上我。"

但与此同时，你还是在和不如你的人约会。为什么？这背后的原因可能比你想象的更深刻。

你可能会问："比如什么原因呢？"首先，你可能害怕去追求更好的人，不想冒着伤害自尊的风险，因为你可能会失败。其次，你可能和一个你认为"配不上你"的伴侣经历了痛苦的分手，所以你现在风声鹤唳。或者，你可能还会感觉自己财力不够、教育水平低、长得不够漂亮，配不上更好阶层的人。但你知道，在你认识的潜在伴侣中，你对任何人来说都"太好了"。

到底发生了什么？答案是，你大概最近变得更有眼光了。就像那些刚刚经历过疯狂减肥才瘦下来的人一样，在升级自己的外表形象之前，心里有一杆秤，像是最高载重系数一样，你只会挑自己能够"承受"的那部分人。你还在和几年前让你满意的那一类人约会，但他们现在再也不会使你满意了。

又或许你尝试过，但还是没学会如何找到更好的对象。你还无法有意识地运用必要的品质去"捕获猎物"。你可以用一碟牛奶引来街边的猫，但是大型猎物对此根本不屑一顾。同样，高质量的人与芸芸众生不同，他们只会被不同的特质吸引。

提升自我价值，打磨眼光和技能

现在是时候升级你的自我价值，打磨你的技能了，去抓住那些你过去认为比自己好得多的对象。随着你的眼光愈加敏锐，你会意识到，生活中重要的不是数量，而是质量。聪明的人不会要太多衣服和数不清的家具，也不需要太多关系。他们只需要一个装满心仪衣服的橱柜，一个装着精美家具的家，以及被有意义的关系填满的生活。

爱情是我们人生中最重要的关系，在爱情中，我们只想要一个真正可贵的男人或女人，陪我们走完一生。我们把这个你曾经想要但配不上的伴侣叫作"王子"或"公主"。

事实上，每一个年轻女孩都曾在晚上轻手轻脚地披好被子，静静等待英俊的王子驾着骏马降临，与她相爱，将她抱在怀里，从此两人幸福地生活在一起。而每一个年轻男孩，当他开始剃胡子，用欣赏的眼光看着镜子里的自己时，都会想象公主一般的女孩会因他神魂颠倒，倒在他的臂弯里充满渴望："带我走吧，我是你的！"

当然，我们的梦想没有改变，但是我们对于王子或公主的定义在随着成长而改变。而且，对我们每个人来说，"理想伴侣"的内涵也变了。也许你不介意你的王子或者公主出身低微，但是你希望他或她非常善良、温柔体贴，或者聪敏过人；也许你渴望一个正直、文雅的爱侣；也许你想要一个博学、睿智、幽默、忠诚、精神契合的伴侣；也许你希望另一半有名声或财富。

这个要求列表还可以继续列下去，且因人而异。但所有这一切都需要一个因素：你得准备好"更新升级"，即找到一个更高质量的伴侣，一个比你现在总是抱怨的青蛙要好得多的人。

谁是我的王子/公主

十年来，我一直在教授交流与关系研讨课。当参会者抱怨找不到更好的对象约会时，我问他们什么才是"更好"。毫无例外，他们会说"更聪明""更好看""更有趣""更高阶层""更富有"，或者"更诚实"。爱的捕猎者们，请明白，捕获蝴蝶和猎一头熊需要的陷阱完全不一样，要追求高贵的伴侣、美丽的配偶、高雅富有的情人，或富有创造力的同伴，需要的品质也完全不同。每一位追求者都需要一套特殊的技能和独特的品质。这两样我都会提供给你。

> **Resolution 决议 1**
> ### 追求更好的人
> 你要在自己的大脑中接受这第一个决议。就像一个蜘蛛无法离开网捕捉苍蝇，你必须织一张心理的网，才能抓住一个优秀的伴侣。首先，有意识或潜意识的你都要相信自己值得更好的伴侣。

关于"提升自我价值"的一个术语

在我们继续进行之前,先说明一些术语。先生们,请不要对"青蛙"这个比喻产生偏执。诚然,在歌曲和传说中,拟人化的青蛙通常是雄性。跟往常一样,为避免有歧视之嫌,首先要声明,代名词"他"用来表示男性或女性,而我们所说的"青蛙"这个词指代你约会过的那些不如你的人,包括男性和女性。青蛙是可怜的雄性或雌性两栖动物,你必须快速逃离他们。青蛙是你以前看中的男性或女性,但现在你要知道必须置之死地而后生,才能占据食物链顶端。

词语课到此结束。

> **Resolution 决议 2**
> ### 为不同的伴侣制订不同的计划
> 正如蜘蛛的网抓不住熊一样,飞蛾也不会掉进捕熊的陷阱,不同类型的优秀伴侣需要你设置不同类型的陷阱。美丽的人、上流社会的富人、高贵的人、充满创造力的人——每种人都会被不同的技巧吸引。

Chapter 1

是什么阻碍了我

为什么我总是找不到我想要的伴侣

请系好安全带,接下来的阅读之旅可能会让一部分人感到不舒服。你可能还没有意识到,你仍在与二流角色约会的原因归根结底可能是你缺乏自信。你可能觉得你没有这方面的问题。但是,如果你的约会对象不是和自己旗鼓相当的人,也不是比自己更好的人,那你确实面临着一个大问题。这究竟是为什么?

因为我们并非在追求我们渴望的人,而是去靠近那些我们认为自己配得上的人。

"这不是我,"有些人可能会这样说,"我总是追求自己想要的。"也许你确实如此。但你可能不知道,如果你潜意识里对自己没有真正毫不动摇的信念,你一定会把事情搞砸。

女士们,你尽可以将自己的丘比特之箭射向那些在教堂、社区或公司中遇到的最英俊、最具吸引力的男人,然后使出浑身解数赢得他的好感。但很不幸,除非你在潜意识中有无法动摇的深刻自信,相信自己值得一个好的伴侣,否则你还是会用各种看似微不足道的方式搞砸这段关系。也许你会试着舒展身体,在经过他身边时自然地扭动臀部,但你的紧张可能会让你看起来像是需要做一台髋关节置换手术。或者你想朝他抛一个充满风情与诱惑的媚眼,但你的忸怩可能会让你看起来像是散光。没有自信，你就无法展现出必要的潇洒风采。

先生们，你们可能会邀请那位集才华与美貌于一身的女同事共进晚餐，但是如果你没有从潜意识中深信得到你是她的幸运，你的不安全感就会像脏兮兮的衬衣下摆一样藏也藏不住。她会拒绝你的。毕竟，如果你都不认同自己是一个很棒的人，她也不会认同的。

昆虫和野兽在选择配偶时比我们更聪明

雌性企鹅在寻找真命天子时，决不会爱上第一个在她面前大摇大摆、发出求偶叫声的呆头企鹅。她会坚持等到最合适的追求者出现。在南极，这意味着企鹅得储存足够多的脂肪，保持圆圆胖胖的身材站上几周，孵化产下的蛋，保证自己不被饿死。雌性斑翅蝎蛉通常也很挑剔。她们会嘲弄那些长得不太对称的雄性蝎蛉，然后只和那些拥有完美对称双翅的无脊椎昆虫调情。雌性瓢虫在挑选伴侣时，要求他们擅长捕杀猎物，能够把晚餐带回家。

所以，如果连企鹅和昆虫都不急着定下来，我们为什么要着急呢？原因可能有很多，而且一般是多种多样的。通常，你选择在青蛙池里安顿自己。这种倾向与我们的孤独和渴望支持有关，也可能仅仅是因为我们想要轻松方便的性爱，或者我们只是享受拥有一个奴隶，即使他们不符合我们的标准，但他（她）愿意为我们做任何事。

许多人会陷入一段一开始就让人奋不顾身的关系，也许你也这样过。你遇见某个人,他浑身散发着魅力,而且和他相处起来轻松愉快,所以你开始想和他保持长期关系。

然后,你开始一点一点发现他那些糟糕的小毛病。他撒谎、出轨或在公共场合放屁。一个又一个失望累积起来,你终于意识到,这不是你曾经渴望的完美伴侣。也许你不断告诉自己事情会有转机的,你的伴侣会变成你的真命天子或真命天女。但是内心深处你知道,你只不过是在骗自己。时间流逝,而你对此无能为力。

有时你情绪低落,告诉自己再也找不到更好的人了。当你意识到眼前的对象不符合你的标准时,你感到懊恼,知道自己该行动起来。但是你什么也没有做。为什么?因为尽管在意识层面,你知道自己值得与顶级的人展开一段令人惊叹的、美妙充实的关系,可是在潜意识中,你却不是这样想的。

看看自己是否觉察到这些隐藏的令人懊恼的问题。

问题1:害怕失败

害怕失败会对你生活的方方面面产生重大影响。你无法沉浸在与王子(公主)展开新生活的快乐与幸福中,而是纠结于失败可能带来的惨痛代价。试想一下,如果你在向一位潜在的高贵伴侣献殷勤,或者发出挑逗的信号,他(她)却完全无视你。天呐!那可真是太伤人了。你猜猜看,唯一不可能拒绝你的人选是谁?是另一只青蛙。因此你陷入了恶性循环,又回到青蛙池寻找下一个约会对象。

Technique 技巧 1

放弃心碎效应

如果王子没有约你出去,或是公主拒绝了你,不要立刻开始与青蛙约会。试着重新确认自己到底想要什么,然后独自收拾好伤口,去寻找下一位值得你爱的人。

问题 2:总和熟悉的人待在一起

你可能会习惯青蛙池里的生活,很难从里面跳出来。青蛙是你熟悉的,尽管平庸乏味,却让人感到舒适。选择青蛙是一种习惯,一种糟糕的坏习惯。

我知道既定的轨迹很难被打破,但唯一的方法就是立刻停下来,对那些约你出去的青蛙大声说:"不!"

Technique 技巧 2

对青蛙说"不"

不断和青蛙约会是一种坏习惯,就像抽烟、酗酒、暴饮暴食,或者疯狂购物直到手软。它只会给你一时的快感,但会带来长期的伤害。只需一根烟、一杯酒、一次狂吃巧克力的经历,或是一次疯狂购物,你就会败下阵来。同样的,与青蛙约会一次,你就失败了。

问题3：当你极度需要爱的时候

不断寻求爱，不断和青蛙约会，只会让你更加欲壑难填。他们喜欢你，为什么不和他们在一起呢？他们在这段关系中可是捡到便宜了。你可能比他们更聪明、更富有、更具吸引力，比他们更好，也比他们更酷。傻子才会不喜欢你呢。

摆脱掉情感依赖和极度缺爱这样的沉重负担吧。重新审视自己的价值，回顾自己给这段关系带来的一切宝贵财富。用对自己的爱去取代那种不健康的依赖，它会让你盲目渴求来自任何人的爱。

Technique 技巧3
摆脱情感匮乏

当你感到孤单，急切地渴望爱或性，要记住你只是在经历一段情感缺失带来的渴求。现在是时候列出你的优良品质，然后告诉自己为什么一个高质量的伴侣能得到你是他（她）的幸运。这会打消你和现在任何约会对象再约一次的念头。

问题4：认为生活和爱情是命中注定

你是否认为，真命天子何时会到来这件事不在你的掌控之中？那你就只是和你的青蛙坐在电视机前等待吗？

现在我们面临着一个真正的问题。我不是来和你争辩精神或宗教信仰的。我尊重各种信念，自己也曾有过这样的信念。但请允许我分享一个杰出的心理学家戴维·利伯曼讲的故事，这个故事将证明我的论点。[1]

一场飓风席卷小镇，滔天洪水倾泻而下。水面越漫越高，只有树顶和几栋房子的屋顶依稀可见，整个街道就像被海洋吞噬了一样。

一个女人正紧紧抓住教堂尖顶，水面离她只有几英尺了。一个划着小船的男人来到女人身边，说道："走吧，女士。"但是女人拒绝踏上小船。"噢，不。"她说，"上帝不会丢下我的。"因此这位划着小船的男人在暴风雨中驶离，去拯救下一个抓着教堂尖顶的人。

过了一会儿，另一位划着小船的男人经过，要带她到安全的地方。"噢，不。"她重复道，手里还紧紧抓着十字架，"上帝不会丢下我的。"这位划着小船的男人也离开了，巨浪越来越汹涌，他要去拯救下一位陷入危难的人。

怒吼的激流并没有止息，水面越漫越高，湍急的水流在女人膝盖边打着漩涡。一辆直升机在她头顶盘旋，然后俯冲下来，扔下一副梯子，要带她去安全的地方。"噢，不。"她朝飞行员喊道，"上帝不会丢下我的。"直升机也飞走了。

水面继续上升，飓风肆虐，最终一阵猛烈的狂风将她卷走,女人从教堂尖顶跌落,溺亡在水中。

当她经过天堂的大门,上帝出现在她面前。

"您怎么能丢下我不管呢?"她哭喊着,"我是如此信仰您。"

上帝回答:"我试过救你,我的孩子。我派了两艘船和一架直升机前去营救,是你放弃了机会。"

> **Technique 技巧 4**
> **抛掉命中注定那老一套**
> 我还需要说更多吗?即使你认为自己命中注定能找到公主或王子,也要停止抱怨,开始寻找吧。

如果那只青蛙仍然让我兴奋呢

也许你曾经约会过的青蛙中有一些不是书呆子,但他们可能是另一种不受欢迎的两栖动物。他们或许性感、迷人、神秘,甚至富有、漂亮或聪明。但你知道这些约会对象中的很多人都不是"好人",也不是适合你的人。

如果是这样的话,不要感到内疚,你并不是一个人。专业杂志《暴力与受害者》上发表过一项研究,探讨了为什么女性会被"坏男孩"吸引。[2] 男性也发现自己陷入了代价高昂的恋爱关系中。

为什么那些流氓痞子反而有吸引力？通常是因为我们觉得生活缺乏戏剧性。我们记得与初恋总是处在灾难的边缘，处在发现、兴奋、极度的痛苦和强烈的快乐之中。在以后的生活中，你可能会对恋人产生一种"呵呵，我早就经历过这一切了"的感觉。然后你让过去的激情再次涌动的阈值越来越高。当你被现在的伴侣迷惑甚至虐待时，它就好像是重现你初恋时的情景。如果你不够谨慎，可能会深陷其中，成为痴迷于这些性感恶棍的爱情"瘾君子"。

这些性感的坏男孩、坏女孩让我们兴奋，还有另一个原因。从表面上看，他们中的大多数人是完全自信的。他们看起来知道自己想要什么，声音听起来也充满自信。他们还能推动周围的人去帮助自己得到想要的一切。当如此多的人饱受不安全感之苦时，他们的傲慢可能反而成为一大吸引力。

但是，就在我们长大后，意识到吃奥利奥饼干和热软糖圣代对身体不好的时候，我们才开始意识到许多迷人、性感的人其实是一只披着狐狸外衣的青蛙。是时候放手了。

不要懊悔过去，和青蛙约会一段时间没什么大不了。你可能从他们那里学到了很多。反过来说，你为世界上的青蛙做了慈善事业，不仅奉献了你的时间，也许还有钱和你的心。但最终你明白了，他们配不上你。是时候继续前进了。

我们每个人都有各种原因和理由，让自己的生活充满青蛙。我们想着如果我们亲吻他们，他们就会变成一个王子或公主，可不知为何，他们从来没有让我们如愿。我们的约会对象一直让我们失望，直到我们在满是青蛙的池塘里淹死。

> **Technique 技巧 5**
>
> ### 清除池子里的性感青蛙
>
> 如果你目前正在和某些"青蛙"约会,请马上摆脱他们。警告:和坏男孩或坏女孩待在一起可能会破坏你的道德,从而使你丧失最终得到王子或公主的资格。即使他们性感、强壮、令人兴奋,也请退出这段关系,不管你多么享受得到它。

是时候玩下去了

我把寻找一位好的伴侣比作听汽车收音机。年轻的时候,我们会去了解各种各样的音乐。沿着生命之路疾驰而下,把收音机开得震耳欲聋。我们热衷于走马观花——听几秒钟的迷幻摇滚,听几秒钟的说唱,再听一些西部乡村音乐,搭配几秒钟的交通路况和天气预报。

随着年龄的增长,事情开始发生变化。我们调低音量,找到了另一个适合生活的频道。现在我们正在搜寻这个电台。我们会找一段时间,直到发现一个喜欢的。我们会听一段时间,直到它变得索然无味,然后继续寻找。

最后,作为一个成年人,大多数人都想要一个真正喜欢的高质量的电台,这样我们就可以把按钮设为保留了。

爱情也是一样。我们中的大多数都在人际关系中走马观花。

也许我们会和一个有趣的人约会一段时间,当我们厌倦了无聊的笑声,也许会尝试和其他人约会。后来又找了一个"深刻"的人,但我们很快就厌倦了思考宇宙和我们的肚脐。然后我们会遇见一个让宇宙为我们震动的人,但当没什么可谈的时候,我们就会大失所望。

几年后,我们决定开始寻找。我们不停寻找,直到发现喜欢的人。我们会稳定下来,甚至和那个人一起生活,但当我们发现自己想屏蔽伴侣所说的一切时,我们会用拇指按下换台的按钮,然后继续寻找。

> Technique 技巧6
> **把你的表盘拨好**
> 你应该听过孩子们唱"谁先找到就是谁的"吧?这里没什么不同。你不可能和那个你"永远"想在一起的人在一起,除非你先找到他。你要保证你会学习这本书中的49个技巧,并付诸实践,虽然过程很辛苦,但回报却是无价的。你将赢得与王子或公主在一起的一辈子,而这不再仅仅是梦想。

在爱情中,会有一段时间供你浮光掠影地享受,有一段时间去认认真真地寻找,但你最终都会想要安定下来。拿起这本书意味着你可能已经到了这个阶段。你想和一个高质量的男人或女人生活在一起,演奏出永远美丽的音乐。

这正是我要帮你做的。

这本书中，都是事实

每次我走进书店或是看向杂志架，都会被那些为爱情提供咨询的医生、心理学家、作家和其他"专家"所震惊。我读到的大部分内容都是基于作者对浪漫的概览。当然，也有一些突出的例外情况，但其中许多并不是基于具体的研究。

21世纪，有数百项研究成果告诉我们在爱情中什么是真正有效的，什么是无效的。我在上一本书《如何让你爱的人爱上你》中讨论了许多经科学证实的恋爱技巧，开始阅读本书前你应该先去看看那本书。

我们现在知道"一见钟情"是神话还是现实。我们知道自己为什么会被一个人吸引，而不是另一个人，即使"另一个人"更漂亮、更聪明、更富有。我们知道一个成功的"接吻"动作的精确编排，我们知道什么最能引发爱情的第一次约会，我们知道是否应该付出努力，我们甚至知道男人是否喜欢女人涂口红，女人是否喜欢戴眼镜的男人。所有这些以及许多其他爱情研究的结果都包含在《如何让你爱的人爱上你》这本书中。

第一本书叫作《如何让你爱的人爱上你》是有原因的。那时我们很多人都处于走马观花和搜寻模式。在各种各样的人身上使用我写过的技巧，看着他们都钟情于我们，这很有趣。但现在是时候开阔视野，缩小选择范围，提升爱情生活，让我们的选择安定下来。

爱情专家编写的无效术语

我发现有趣的是，大多数认真探索爱情的研究几乎都是用外语写的。当研究人员想说"同居的男人和女人是如何相处的"时，他们编造了一些令人困惑的术语，比如"异性同居者的二元功能"。社会学家不会简单地说两个人"想住在一起"，而是提出了"有意接近"的说法；当他们想表达"他们的想法不一样"时，他们选择了令人困惑的"认知失调"。这些话也许给社会学期刊的编辑留下了深刻的印象，但却让我们其他人摸不着头脑。

研究人员也不厌其烦地给他们的研究命名。你会不会想拿起一本叫作《社会计量学选择差异量的生态决定因素》的书？难怪许多给我们提供爱情底线的严肃研究，都被藏在图书馆档案书架的后排。

也许这有悖常理，但知道研究中埋藏着什么黄金后，我其实很喜欢解读它们。图书馆桌子上摆着一堆医学和社会学词典，我拂去上面的灰尘，翻阅了几百本。每当我发现一颗宝石，我都会用镊子把它采摘下来，让它接受真理的考验，然后把它编织成一种技术，帮助你实现新的更崇高的爱情目标。

你会发现这本书在另一方面与其他书大相径庭。书店的书架上摆满了吸引爱慕者、情人或配偶的指南，有些书甚至把注意力集中在找一个有钱的丈夫或妻子上。但到目前为止，还没有一本书教你如何找到真正的高质量伴侣。你在其他地方读到的很多建议都是通用的，而且几乎是针对任何异性的。不幸的是，当涉及公主或王子时，大多数老把戏都不管用。

> **Technique 技巧 7**
>
> **收起小把戏**
>
> 你可能用过很多方法去诱惑那些坐在酒吧里狂饮啤酒的男人，或者穿着紧身裙子的放荡的小妞儿，但这些方法都不会对一个高质量的伴侣起作用。高素质的人当然也喜欢性爱，但需要的引诱方法和台词更微妙。我们要学习一些更难以捉摸的诱饵。别担心，他们会懂你的言外之意。

爱的捕猎者们，假设你对王子的定义是一个非常富有和有教养的男人，抛媚眼和扭动腰肢的建议实际上可能会让他感到厌烦。这可能会让你搭上他的奔驰车（很可能只是在隐秘的地方让你进入后座），但你的手指上却无法戴上戒指。

爱的捕猎者们，假如你的公主是一个非常美丽、充满智慧的女人，你闪闪发光的大厚钱包，可能会让她朝你的方向看一眼，但不会让她对你暗许芳心。当你的猎物是公主或王子时，许多用来吸引大多数男人或女人的方法都是徒劳的。

那么，秘诀是什么

什么是让一个优秀的男人或女人爱上你的魔药？答案其实很简单，但也很复杂。

1. 你必须发誓不要与任何配不上你的人约会。没有例外！
2. 你必须和自己进行一次深入的谈话，然后确定什么样的人才是完美的潜在伴侣。
3. 了解特定"类型"的人——你渴望的伴侣的所有信息，包括他们的品位、信仰、价值观、目标及珍视的东西。
4. 这是最困难的部分。你必须像从未见过自己的脸一样凝视着镜子。你看起来、听起来像你想要的男人或女人吗？你能融入他们高端的圈子吗？然后更深入地凝视你生活中的镜子，看看你是否"有足够的东西"让你心仪的对象认为你是一个值得终生珍视的伴侣。

自我探索和转变有两个方面——你必须在两大类品质上表现出色，才能找到一个最棒的伴侣。既有表面上的，也有实质

Technique 技巧 8

列一张个人清单给自己

当你阅读本书时，可以列一张表，标明你能从表面或实质上做出的一些改变。我会在你发现自己和更新自己的时候进行必要的指导。我会教你如何模仿你渴望的伴侣的一些表面的东西来引起他们的注意，然后努力让你在更深的层次上更像他们。当你也成为一个真正的公主或王子时，你就有了俘获芳心的资本，并永远保持他或她对你的爱和尊敬。

上的改变。表面（有些人会说这很"肤浅"）包括你的头发怎么留，衣服怎么穿，你说什么话，在某些情况下，你要知道如何吃朝鲜蓟，避免从用餐时洗手指的碗里喝水。在更深的实质性层面，你将探索完整的自己，你的自我认识、你的灵性、你的自信、你的思维过程，以及你有多爱自己。

爱的精明交易原则

为什么我要用"资本"这种简单粗暴的表达？实际上这是因为我曾经写过的把爱情比作交易的几段文字引起了强烈的共鸣。下面是其中的一些段落，这些段落让我收到了潮水般的信件和电子邮件。

> 在一场激烈的争论中，一个我曾经爱过的男人冲我吼道："每个人在公开市场上都有价值，宝贝！"我被吓坏了。这太粗鲁了！他怎么能把人看作商品？尤其是他说他爱的人时。这是一种令人厌恶的看待人际关系的方式。
>
> 对我来说，爱是美好的，是纯洁的。人类最强烈的快乐来自爱，世上没有一种人类经验能比得上爱。对我来说，爱是分享，是信任，是完全交出自己。自我童年时，罗伯特·伯恩斯的话就回响在我的心田："爱，噢，柔美的爱，一半是天使，一半是鸟儿。它是奇迹，也是狂野的梦想。"可是听见我的爱人把他爱的人的品质比作市场上的猪肉和大豆，这实在令人无法

忍受。我冲出了房间。不久我就和他分手了。

  现在已经过去了许多年，我的年岁渐长，也有了更多智慧（这一点或许还有待商榷）。我想知道，他说的是对的吗？当然不是指他说话的态度。但他说的是事实吗？"每个人都想要在生活中达成最好的交易。"但没有人愿意听这句话，这实在令人惊讶。人们在了解商业中的供需法则时并不惊讶，在听萨古鲁传道时也没有丝毫犹疑，在所有与人类的互动中，最大的问题是——这对我有什么好处？

  为什么研究者告诉我们这一规则也适用于爱时，我们会感到震惊和恐惧？

  近来，科学界不满足于西格蒙德·弗洛伊德提出的关于爱的理论（即性的升华），或者西奥多·芮克的填补自身空虚的说法，决心将"爱"研究得彻彻底底。科学家做了大量调查和实验，剥开人类的深层心理。他们发现了丑恶的事实吗？他们遇到怪物了吗？有些人可能会说："是的。"其他人则会一笑置之，说："当然不会。"

  不管你把他们的发现看作是堕落的雪人还是真理的天使，结果其实很简单：研究确实支持这样一个论点，即在公开市场上，每件事和每个人都有可量化的价值。每个人都想在爱情和生活中得到最好的交易。研究人员将他们的发现命名为"爱的公平（或交换）理论"。这有点像古老的"讨价还价原则"。

  爱的公平理论是建立在交易理论和公开市场价值的商业原则的基础上的，这些原则同样合理。一切都有价值,一切都有代价。至于产品,一个人的价值可以很主观。但总的来说,人们还是分得清孰优孰劣。

在一个精明交易的世界里,有"顶级赛马",也有"老弱病残"(那些准备被送进废物利用厂的赛马)。在一场赛马拍卖会上,买家看中的品质包括步伐敏捷、性情温和、没有恶习,甚至是技艺超群。人类能超然于此吗?

所有这些赛马的品质都会影响销售价格。如果你用一匹登记在册的马来交换一匹没有血统证明的马,那么它最好具备其他一些"优越"的品质,这样才能使之成为一种公平的交换。

研究表明,你在谈判桌上带来的筹码(指个人品质)越多,你在爱情中的表现就越好。你们的资产越对等,就越会使你更适合与人坠入爱河。股票理论家告诉我们,浪漫关系中的双方越势均力敌,越有可能走入婚姻。[3]

所以你可能会问:"这是否意味着,如果我想找一个富有的伴侣,我就必须是一个亿万富翁?如果我想要找一个美丽的人,我就必须去整容或断骨增高?"当然不是。因为,正如爱情研究人员告诉我们的,你和你的另一半不需要拥有同样的资产,只是需要达到均衡。一个典型的例子就是,你看到一个"老怪物"挽着一个惊为天人的女人。你怎么看?承认吧,你会觉得是因为钱!如果她长相是10分,那么他在钱财方面也可能是10分。

再举一个例子，聪明英俊的股票经纪人娶了一个长相普通的女人。但是，当你对她有了更深入的了解，你会发现她有深刻的精神信仰。另一个例子可能是，当地教区道德高尚的牧师，他选择娶一个道德感较低的女人。但可能很快你就会发现她有其他"资产"，也许是因为她个性活泼，风度优雅出众，能够帮助他维持教区的团结。研究人员告诉我们，在最幸福和最安全的关系中，伴侣不一定在同样的品质上都出类拔萃，但他们能带来同等的价值。

爱情就像衡量一件商品的价值。即使是最善良的人也会本能地计算他们潜在伴侣的"可比价值"，也会检查"隐藏成本"，他们期望伴侣"无须维护"，甚至将"假定折旧"也考虑在内。总体而言，人们在潜意识中计算这段关系的"成本效益比"。

> **Technique 技巧 9**
>
> ### 爱是一门艰难的生意
>
> 当人们告诉你爱令人兴奋、令人激动、无比美丽的时候，请相信他们。但别让他们开玩笑说爱情是盲目的。找到永久伴侣需要你进行一生中最仔细的考虑，并计算出你可能承担的风险。即使是最高尚的人也把长期的爱情看作是一笔生意，获得一个终身伴侣是一次非常重要的"购买行为"，不能冒险得到一个坏结果。别天真了。请认识到爱情是一门艰难的生意。

当然，人们想确保自己不会遭受"买主的懊悔"，最安全的方法之一就是坚持他们已经知道的。对每个人来说，相似的对象让人感到安全，即使对高端人士来说也是如此。

你要成为一个王子，才能得到一个公主

正如我告诉过你的，当我在恋爱研讨会上问参与者，他们最想要什么样的伴侣时，我听到的回答是"更聪明""更漂亮""更敏感""诚实""是个好人"，或者"钱多""创造力强""教育水平高""为人正直"。但我最常听到的词是"阶层"。

经过一段时间的讨论，大家通常都同意"阶层"一词象征着以上所有的一切。为什么？因为上述许多令人羡慕的品质往往都是打包而来的。"阶层"高的人通常聪明、诚实、受过教育、富有、有创造力，甚至长得漂亮。

为什么会这样？有钱的人，尤其是来自旧富家庭的人，有时间去探索"生活中更美好的东西"，培养"更上流"的品位。他们有闲暇时间、动力和自由，可以变得更有创造力。正直常常伴随着阶层，因为没有理由不诚实行事。真正聪明的人明白，如果你是高尚的、有品位的人，你的生活会好得多。当你有钱的时候，你也能负担得起最好的教育。

这些人为什么也会更"好看"呢？因为当你有钱的时候，就可以买最漂亮的衣服，去温泉浴场，甚至花钱请整容医生来修补大自然对你耍的任何恶作剧。

当然，这种品质捆绑规则有许多例外。一个身无分文、缺

乏诚信的人的行为可以像古英语字体一样高贵；一个有足够修养甚至可以介绍给女王的文雅之士，可能非常贫穷；千万富翁也许会在国宴上抠鼻子；一个非常高尚或睿智的人也许和流浪猫同处一个阶层。上面的任何一种人都可能像希腊神一样美丽，也可能像死蟾蜍一样丑陋，但通常这些情况不会出现。这些好的品质往往是一起出现的。

爱情中的"门当户对"

你是否注意到，总是两个富有的人结婚，相貌出众的两人喜结良缘，夫妻两个都是社会名流。当一对伴侣在某些同样的方面出类拔萃，他们更容易在一起。豪门对千金，俊男对靓女，名流对显贵，总是屡见不鲜。但是那些真正具有宝贵品质的人呢？例如，性格健全、充满智慧的人，总是和同样拥有这些美好品质的人在一起；品德高尚的人不愿和品行不端、毫无底线的人共度一生。

为什么那些富有的人或者相貌出众的人也会和其他类型的人结婚呢？因为一个富有的人能供养两个人，不会因他人的困窘而陷入捉襟见肘的尴尬；相貌俊美的人也会被那些"相貌平平"的人身上的品质所打动；一位社会名流可以享受站在聚光灯下，但这不妨碍他有一位默默无闻的伴侣。

但是一位原则性极强的男人或女人很难爱上一位生活算不得检点、名声也不算清白的人。所以，底线就是，如果你想要一位高素质的人与你相爱，你就必须变得同样坚守原则、高尚可贵。

"明白了,"我的一位学生答道,"如果我想要一位出类拔萃的伴侣,自己就要变得出类拔萃,在一些重要的方面能够与之比肩——不管是金钱、外貌、头脑、教养、名望、性格或是其中任意一样。"

别这么早下结论!不幸的是,答案远远没有这么简单。你必须抓住吸引力的要点,践行研究证明的可行方法。千万不要忘记,即使是对处在社会顶层的人来说,性也很重要。王子和公主在床笫之间的事上和普通人没什么两样。但是要想和他们共度良宵,需要一套特殊技巧。

"种瓜得瓜,种豆得豆"

除了外貌、金钱、智商这些元素,人们会被研究者称为"社会性格"与自己相似的人所吸引。社会性格包括:有些人倾向于隐居深山,有些人离不开热闹的聚会;你有过多少朋友,有过多少段关系;你怎样和人相处;甚至包括你对父亲的感受等这类的事情。

有一些事情你可以改变,有些事情命中注定,还有一些你不愿改变。稍后我们会在相似性方面挖掘得更深,讨论你必须散发出什么样的品质才能吸引一位不可思议的伴侣。但是,对于新手来说,我想引用一个具有重大意义的研究,这个研究探索了已婚人士或长期伴侣最常见的情况。根据《美国社会学杂志》的研究,长期伴侣在以下方面具有相似性:

- 家庭背景，包括童年环境、教育水平、原始收入和父母的社会阶层。
- 宗教信仰。
- 家庭关系，包括父母的婚姻是否幸福，儿童时期对父亲的态度，以及兄弟姐妹的性别。
- 社会参与度，包括你是独居隐士还是社交达人，闲暇时间的爱好（待在家里还是出去走走），饮酒习惯，抽烟习惯，同性及异性朋友的数量。
- 恋爱表现（例如先前有过婚约或者稳定约会对象的数量），以及对婚姻的态度。

现在，很明显的是你无法改变父母婚姻的幸福程度，兄弟姐妹的数量，或者与你有过关系的人的数量。而且，你也不大可能想改变宗教信仰。但是你确实可以做出其他改变，使自己配得上更好的伴侣。你们可以发展相似的人生态度，这一点很重要，这有关你对金钱、朋友、闲暇娱乐及婚姻的观念。

你已经开始抢占先机了。自从翻开本书，你就发展出了一项可敬的品质，即表现出强烈的成长意愿，特别是在能使你找到一位优秀伴侣方面的成长。

这当然不容易，不是吗？确实如此。但我相信生活中肯定有人跟你反复强调一条颠扑不破的真理："种瓜得瓜，种豆得豆。"然而，我们并不仅仅是指金钱上的因果。还是把钱包合上，把思维打开吧。在这种情况下，你需要付出宝贵的时间，来找到一位和你处于不同阶层的男人或女人。

> **Technique 技巧 10**
>
> **一举一动都表现出"贵族风范",刻不容缓**
>
> 去追求吧!让你为追求优秀伴侣而获得的品质成为你生活的一部分,而不仅仅是在追求时展现出来。你会更爱自己的,其他人也会更爱你。变成可以吸引高质量伴侣的人之后,你也就成为一个高品质的人。这种状态好极了!

意外收获

目前为止,毫无疑问你会好奇阅读《如何让你爱的人爱上你2》这本书到底会有什么额外收获。在学习怎样赢得一位更好的伴侣之前,你可能需要用前所未有的方式认识自己。如果你决心将这些技巧融进生命,而非仅仅使用它,你就会变成一个更好的人。让这些改变成为你的一部分,让自己变成那种你可能会爱上的优秀人士,随着你散发出这些吸引一流伴侣的品质,你会变成新的自己——每个人都是如此!

Chapter 2

除非你甩了青蛙，
要不你找不到对的人

为找到更好的伴侣铺平道路

很好，你已经准备好学习如何赢得一个更好的伴侣。但是，等等，在你被高等爱情学校录取之前，有一个先决条件。是什么条件呢？这是我从一个六岁的孩子那里学来的敏锐智慧。

我曾去纽约看望一个女性朋友。吃完晚饭后，她的儿子决定从卧室跑出来，加入我们的谈话。当我的这位朋友开始收拾碗碟时，她向我眨了眨眼，然后对她的儿子说："阿诺德，你可以待在这儿，但我收拾厨房时，你必须招待莉尔阿姨。"他似乎对这个提议并不兴奋。但是，他应该是把我当成了亲戚（错了，我只是被冠上了相同的阿姨的称呼），他觉得这成了义务。

为了找到话题，我问了一些常见的问小孩子的问题以化解尴尬："阿诺德，你长大后想做什么？"

"一位建筑师。"他的回答几乎有点儿过于迅速，言语间露出超出年纪的骄傲与笃定。我怀疑他是背下这个答案好给大人留下个好印象。我问："那你想造什么样的建筑呢？"

"大的。"他不无得意地说，同时伸长胳膊，骄傲地挺起小小的胸膛和不到一米的小小身躯。

我决定挑战一下这个自负的小家伙。我问："真的吗？那你造一座大大的建筑物时，要做的第一件事情是什么呢？"

他用怀疑的眼神盯着我:"谁都知道啊,要把旧的先拆掉。"我必须承认,他的回答令我印象深刻。小阿诺德说的绝对没错,至少对纽约来说是这样。

这个类比对于爱也完全适用。我们想要与更好的人约会时,也必须这样做。要想修建新建筑,必须拆掉旧建筑。与青蛙约会的老习惯必须改掉。

大部分行为都是由习惯支配的。现在是时候培养新习惯了,从衣着到信条都需要改变。你必须做到这一点,才能赢得奖励,赢得你值得的王子或公主。

让青蛙跳走,是一切的开始

第一步:不要继续在青蛙池里跳来跳去。明白你现在是在追求更好的人,让所有青蛙们跳走吧,马上行动!

为什么你要在找到王子或公主之前把所有的青蛙都甩掉?为什么不等到你找到一位极其优秀的伴侣?因为生活和爱情中都有普遍的自然规律,这是和空气或者水一样基础的存在。当空气或水从一个空间被抽走时,会有更多其他的空气或水进入其中。

恋爱也是如此。当你去掉当前的主要压力,你就在心理上为另一个人腾出了空间。只有当你孑然一身,你才会认真地寻找替代者。

你可能会想:"哦,我会先和青蛙约会着,直到我的梦中情人出现。"抱歉,这样行不通。当你在精神上或身体上仍与某人

"在一起"时，成千上万个思维过程和行为习惯都会阻碍你找到另一个人。

想想看，你打着哈欠和你的约会对象坐在餐馆里，对方正在兴高采烈地说着什么，你忍住打哈欠，眯着睡眼扫视整个房间，突然间发现你的潜在伴侣正独自坐着。真是太糟了！你朝他（她）微笑，而这位心仪的陌生人也微笑着回应。

唉，也就仅仅这样了。因为你和青蛙在一起，所以你梦想中的伴侣将目光移开，可能会望向另一个有吸引力的陌生异性，那个人正独自坐在角落里的小桌子边安静地吃饭。胡扯！你知道，如果青蛙不是坐在你对面，你就会有一个很好的机会开始升级更新活动。

等等，情况变得更糟了。不仅仅是当你和某人在一起时，找到更好伴侣的机会几乎为零。假如你认定，周六晚上你不会孤单一人，而是有一个忠实的人陪伴你，这会阻止你去谋划遇见新的人。

Technique 技巧 11

决心摆脱所有不合适的人

这是在心理上迈出的重要一步。你要意识到这一点，除非所有青蛙已成历史，不然你不可能与王子或公主有未来。你必须现在让所有的"两栖动物"离开，才能开始寻找理想伴侣。

所以如果你一两个月不约会呢？你就会一个人自在地出门，特别是去杰出人士可能出现的地方。稍后我会告诉你，根据已被证实的"曝光理论"，这会极大地增加你俘获一流伴侣的机会。

别让这样的事发生在你身上

如果现在你生活中就有一只经常出现的青蛙，有许多种方法可以对这段关系做出可怕的终结。如果你刚刚陷入一段关系，那要好办得多。在几周时间里，你就会从被青蛙吸引转变为对青蛙厌恶。在这种情况下，先生们，你只需停止与青蛙女士约会；女士们，告诉那只癞蛤蟆你已经移情别恋了。

然而，如果青蛙已经在你的池子里待了几个月甚至更长的时间，情况就比较复杂了。在这种情况下，必须找到一种更温和、更友善的方法来解决他们，即使他是诚实的、重要的。如果你不这样做，你就会面临一辈子生活在沼泽中的危险。

最近我在老家华盛顿做了一场演讲。我旅馆房间的电话铃响了，一个带着葡萄牙口音的女人说："莉尔，我是你的老朋友。"我立刻听出来，她是我上学时的好朋友伊莎贝尔。她是一个非常有才华的女孩，向全校的人介绍法多[*]音乐，那是她的激情所在。星期六晚上，她会和其他没有约会的女孩坐在一起，弹着吉他，为大家演唱法多歌曲。她那萦绕心头的歌声常常使

---

[*] 编者注：法多又称为悲歌，是葡萄牙国粹，由歌曲和器乐两部分组成，风格以悲切哀怨为主。

我流泪。她的声音体现了一种深情的、几乎悲伤的哀伤,这是法多的精髓。

最重要的是,伊莎贝尔有着令人羡慕的身材和一头又长又亮的黑发。如果我不那么喜欢她的话,我会嫉妒她的。我们称她为"黑发天后",我们都相信她会成为法多的朱迪·嘉兰。

伊莎贝尔一生中还有第二个激情所在——她的王子乔姆,乔姆是一位崭露头角的法多歌手,这个男人符合她对王子的定义。乔姆在美国巡回演出时认识了伊莎贝尔。

乔姆也迷恋着伊莎贝尔,但他经常在各地巡回演出,因此他们维系着异地恋。乔姆每隔几周会给伊莎贝尔写信,不时给她打电话。但这对她来说还不够。她夜以继日地思念着乔姆,我可以看出,每当她唱起悲伤的歌,她都在想他。渴望的歌声从她心里发出。然而,由于伊莎贝尔出身于一个家教非常严格的家庭,她并没有采取任何主动行为来俘获她的王子。她觉得男人应该永远是主动者,所以她只是等着他的电话和来信。

伊莎贝尔的生命中还有一个人,一个忠诚的、挚爱着她的人,名叫费尔南德斯。费尔南德斯崇拜伊莎贝尔,无论她去哪儿,他都想和她在一起。他带她去购物;他开车送她去任何她想去的地方;他甚至每周都陪她见歌唱教练,他总是像忠实的青蛙一样在车里等着送她回家。

不幸的是,费尔南德斯并非教养良好,既不算富有,也不是很有才华。他最大的天赋似乎是跟随伊莎贝尔的一举一动。伊莎贝尔一再告诉我,她要和他断绝关系。但她支支吾吾,犹豫不决,不断找借口让他留在身边。我想她很难想象没有男仆的生活。她不断地问我对费尔南德斯的看法,我也很忧心要对她说实话。

最后在毕业典礼上,伊莎贝尔宣布已下定决心,她肯定会在接下来的一周把她要分手的坏消息告诉费尔南德斯。

就在那时,我和伊莎贝尔失去了联系。生活带领我们走上分岔路。我时常想起她,心中多半是希望看到她的名字出现在某个舞台的华盖上,期待她成为在音乐会上演唱法多的女主角。不幸的是,这次在华盛顿接到的这通电话是我在那之后第一次听到她的声音。

那天晚上我们见面吃了晚饭,当我看到她时,我没有预料中的喜悦,反而感到悲伤。伊莎贝尔的眼睛里不再有激情,她不再控制身材,穿得更像一个家庭主妇而不是一个法多女主角。我几乎可以猜到,但我忍不住问起她的音乐、她心爱的乔姆,还有其他曾经让她的生活充满激情的事情。

她用一种忧郁的声音告诉我,乔姆让她感到不安,因为他不常来看望,也不怎么打电话。但费尔南德斯很忠诚,她就习惯了他在身边,最终嫁给了他。

伊莎贝尔的声音逐渐变得低落。如果她继续说下去,我知道她会说:"这是我一生中最大的错误。"显然,费尔南德斯已经不再向前迈进了。他变得不那么专心了,正如她所说,"很无聊"。

"乔姆呢?"我问。听到这,她的声音变得充满了悲伤。当她告诉乔姆她要结婚后,他再也没有联系过她。毕竟,乔姆是个有尊严的人。

接下来的话让我心酸。她告诉我,几年前,她在报纸上看到他要来华盛顿巡回演出。当然，伊莎贝尔去听他的音乐会了。表演结束后，她鼓起勇气到后台跟他交谈。当乔姆看到她时，她说他眼里涌出的热情比她在舞台上看到的还要多。他很难克制自己，告诉她自己有多爱她，一直想娶她为妻。他曾设想他们巡回演出，一起唱歌。他告诉她，得知她即将举行婚礼时，他是多么地伤心。

时间一天天过去，乔姆最终娶了一个多年来的粉丝，一个里斯本女孩。

那天晚上，她唯一从乔姆脸上看到的快乐，就是他拿出两个漂亮孩子照片的时候。然后她给他看了一张女儿的照片。伊莎贝尔告诉我，他们短暂地对视了一下，那一刻她知道他们的想法不谋而合：这些漂亮的孩子应该是他们的。

乔姆娶了他的青蛙，伊莎贝尔嫁给了她的青蛙。我伤心地想，他们从此过着不幸福的生活。我们都知道，和他们本可以过的生活相比，他们现在的生活简直太不尽如人意。如果伊莎贝尔有勇气和她的青蛙分手，集中精力"俘获"她的王子，一切都会不同。或者如果乔姆在追求他的公主时更积极些，事情也不会是这个样子。

别让这样的事发生在你身上。马上停止把时间花在那些配不上你的人身上！

放弃青蛙的正确做法

记得我们说过的关于爱的交易原则吗？这是一条颠扑不破

的真理。然而，爱情不是做生意，我们需要更体贴他人。举个例子，一位顾客告诉商家，她要购买别家的商品，因其价格更为低廉、品质更为上乘，这是完全没有问题的。但要是恋爱中的一方告诉现在的伴侣，"我们分手吧，因为我遇到了更有趣、更好看、更富有、更性感的人"，这么做可不太好。你必须变得更有同情心。所以我们来探索一下如何应对那些配不上你的追求者令人生厌的做法，这样才能给你找到一位优秀伴侣铺路。

> **Technique 技巧 12**
> **用有风度的方式摆脱青蛙**
>
> 千万不要用缺乏风度的方式摆脱青蛙，要像一个王子或公主那样富有教养。解开与过去的纠结，必然会伴随着未来高质量伴侣的到来。如果你把这件不光彩的事处理得漂亮，他或她也会尊重你。

女人，要么抛弃，要么溺死

男性与女性在认识到他们需要驱逐池子里所有的青蛙这件事上，有各种不同的方法。

首先，大多数女性会这样解决困境（包括我自己，但我正在改进）：认为结局只有死路一条，然后沉溺在这种想法里。就像伊莎贝尔一样，支支吾吾、摇摆不定，不断为自己正在约会的男人找借口。我们对于朋友们总来问我们对这些男人的看法这件事,已经厌烦透顶了。我们甚至向陌生人征求意见!

我曾在一处度假胜地休假,当时我深爱着一个青蛙,他的名字叫弗雷德。我问旅馆的女老板,对他印象如何。实际上我几乎把三米以内的陌生人问了个遍,这些可怜的人极不情愿,又感到困惑,却被迫成了我的情感咨询师。

许多处于分手边缘的女人会在情急之下,开始第一次求助于灵媒、高级巫师、占星家、塔罗牌或是找人看手相,试图在绝望中找到答案——到底该不该分手?就像摘下一朵雏菊的花瓣,但是这次我们问的是:"我爱他吗?我不爱他?"

有时我们会欺骗自己,把青蛙当成王子

当面临着与爱人分手时,我们会欺骗自己。我们认为,如果一直亲吻青蛙,他们中的一些最终也许会变成王子。为了证明不分开是正确的,我们不断拿一段关系中所有好的方面来折磨自己,特别是当我们感觉缺乏安全感的时候。

事实上,当你缺乏安全感的时候,就是你最危险的时候,你可能无法放弃。缺乏自尊心会让你长时间沉迷于跟不如你的人约会,而你本应该去提升你的爱情品质。一项由四部分组成的名为"自尊对浪漫喜好的影响"的研究正好证明了这一点。[4]

第一部分: 研究人员安排一组单身女性在去做实验的路上,在大厅里单独"意外"碰到一个很帅的男人。女人不知道这个

男人是实验的一部分,这一切看起来像是偶然相遇。

研究人员让满足女性幻想的男性对她们表现出越来越浓厚的兴趣。两人聊了一会儿之后,他就约她下个星期在旧金山共进晚餐,一起看演出。

第二部分:与这个行为的推测没有关系,但在她们确定下约会后不久,研究人员让每一位女性来到不同的房间,在那里她们接受了罗夏墨迹测试。当她们完成后,研究人员将评估结果交给了她们。

可怜的女孩们不知道结果是假的。通过设计,研究人员给一半的女性伪造了糟糕的评价。这些女性收到了一份报告,上面写满了对自己的糟糕描述,她们还以为这是通过墨迹测试发现的,研究人员读出诸如不成熟、个性软弱、有反社会的动机、缺乏创造性和灵活性之类的词。(这些评价一定影响了这些女性一整天的心情!)

另一半对照组的女性则接受了相反的评价。罗夏墨迹测试的报告指出,她们具有极好的对同龄人的敏感、个人诚信、独创性和观点自由。

通过这种方式,人们会把虚假的个性描述当作是准确的,在此前一项研究中,这种现象被研究人员用专业术语称作"防御性投射"。[5] 接受他人对自己的评价,对于女性来说尤其如此。占卜者非常依赖这种心理。通常,水晶球"告诉她们"的,其实是那些自封的预言家从顾客行为的不安全感或者自我欺骗中套取的话术。

第三部分：回到被欺骗的女性。在告知这些女性罗夏墨迹测试结果后，研究人员让被试者与一组同龄人见面。被试者需要和这组同龄人进行小组讨论，讨论期间研究人员会打断谈话三次。在每次讨论暂停时，每一位被试者都需要填一份对其他组员的秘密评价。

受试者又一次收到虚假的"报告单"，里面其他人对她们的喜爱程度都是假的。那些在罗夏墨迹测试中得到负面评价的女性，现在也被错误地告知她们的同事不喜欢她们。相反，那些收到正面评价的参与者被告知，这些同龄人对她们有非常积极的评价。

第四部分：最终，研究人员让每位女性描述对之前在大厅里遇到的那位男士的感受。

结果令人吃惊。收到负面评价的女士对心仪对象的选择出奇地一致，她们都喜欢那位曾经发出约会邀请的男士——数量大大超过对自己感觉良好的女士。她们对男士的感情受到评价褒贬不一的报告单的严重影响。用研究人员的话来说就是：

比起自尊水平暂时提升的女性，自尊水平受到暂时打压的女性更容易接受同伴的追求。个体需要认可的程度越强，回应别人情感的趋势就会越强。

姐妹们，这对我们来说意味着：当你状态低迷时，更容易把目前那些配不上你的人当作潜在伴侣。事实上，你可能会为他的糟糕品质寻找借口。你告诉自己他是个好人，是自己太挑剔了。你再也遇不到别人了！

当然这种状态不会持续太久。一旦你恢复对自己的信心，你就会提醒自己青蛙该离开了。下次他对你奉献真心的时候，尽管你曾经很享受这种状态，现在你却开始想着下次美甲该涂什么颜色的指甲油。当他停下来小心翼翼地问你的意见时，你卡住了，当然是因为你压根一个字也没听进去。类似这样的时刻使你认识到，是时候放弃了。

他咂着嘴喝无酒精饮料的样子会惹你厌烦，拨错电话也很愚蠢，想要亲热前他脸上的小表情简直令人无法忍受。还有他对你的昵称，过去曾让你舒适地享受，现在却能瞬间把你引爆。

弗雷德对我的昵称是"波贝特"（不要问我为什么，那说来话长，而且是个无聊的故事）。起初，不管什么时候他这样叫，都会让我心里暖暖的。后来，这个称呼让我确信是时候停止这段关系了。女士们，我们都知道这样不公平，但对此我们无计可施。我们是女人，这是写在我们基因里的！

Technique 技巧 13

别傻了，现在是青蛙，永远是青蛙

不要犯下这样的错误，特别是在你感到缺乏安全感的时候，别细数那些不值得的伴侣的优点，让它们成为该分手时手下留情的借口。

男人们，去接触你内心的懦夫吧

男士们，当你们有一次或几次发现不对劲，意识到需要清除池子里的青蛙时，这通常伴随着一个非常明显的信号。首先最明显的是，和她说话成了一种折磨。听到她的声音，事情则变得更糟。然后是发现和青蛙做爱的快乐无法抵消之前所受的折磨。

谈到这个话题，另一个你必须分手的迹象是，当你和青蛙女孩做爱时，脑子里却开始幻想高中时的女友费莉西娅。

还有一个迹象就是，你发现在聚会上，你更愿意和偶遇的推销员讲话，而不是和目前正在约会的青蛙对象聊天。当这些迹象开始频频给你冲击，你就明白是时候"和青蛙说再见"了，然后拨通费莉西娅的电话。

当活生生的恐惧之夜来临

无论如何，先生们，我不得不佩服你们，在处理这种与女朋友分手的棘手情况时，你们要比女人擅长得多。但是，社会对于男性作为追求者的虚假前提有着奇怪的认可度。（实际上，有证据表明三分之二的浪漫关系是由女性发起的。[6]）

你可能没有意识到，当初你遇到你正在约会的女性时，尽管你对她不甚满意，但你可能是先开口搭话的那一个。尽管有严肃研究证明，女性会迈出第一步。实际上，有许多人甚至做出大胆的行动来吸引男人靠近。

在一项特殊的研究中，研究人员在单身派对的天花板上安装了隐藏的摄像头。他们拍下所有的动作。之后，他们坐在一起看监控。每次男人接近一位女士，他们都会备份这个片段，以确定是什么让男人选择接近这个女人而不是其他女人。

果然，他们靠近的女人给出了研究人员称为"肢体诱惑"的动作。女孩们都做了什么？好吧，她们对他微笑，看着他，一边跟着音乐跳舞，一边甩着头发，然后继续看着这个可怜的毫无戒心的小伙子。有些人甚至直直地看着他，舔了舔嘴唇。其他人则眨了眨眼，指着一张椅子，邀请她们的"受害者"坐上去。

一些更大胆的女性则夸张地扭着臀部靠近目标男子，一些人甚至在男士身边闲逛，拍拍他的屁股，再转身对他眨眼。你知道，这些动作真的很微妙。但令人惊讶的事实是，因为男人是先说话的人，他认为自己是发起"对话"的人。女士们，这会对我们有利。但是男士们，如果那个女人不是你的潜在的终身伴侣，这对你们是不利的。

所以男士们，如果你对自己的反复无常心存疑虑，别担心。你不必担忧过去曾经被一个女人所吸引，而现在你对她不再感兴趣。很可能你只是下意识地回应了她对你做出的一些明显的举动（除了你以外的所有人都能看出来）。如果这有助于你摆脱困境的话，把自己当成受害者吧。

尽管如此，你还是要温柔地拒绝她。因为通常是男人发起约会邀请，所以你可以直接停止约她们。但请你留心，可能你正在约会的人一直怀有和你分享生活、一起变老的幻想。这样的美梦会使人在痛苦中死去。

当心,如果她是那种黏糊糊的情绪型的人,你宣布分手可能会让她哭哭啼啼地打电话,不仅打给你,还打给你最好的朋友;恶毒的女人可能会划破你的轮胎;绝望的人可能会在午夜穿着雨衣敲你的门,而雨衣下面什么也没穿。"听起来没那么糟。"你说。但要小心,她又把你拖进了青蛙池。

> **Technique 技巧 14**
>
> **停止"再来一次"**
>
> 女士们,打消这样的念头吧,"再约会一次我就温柔地拒绝他"。先生们,忘掉"再来一次",忘掉"友谊地久天长"。拒绝诱惑,抛掉肉体的欲望。记住我们讨论的是你的人生,如果你还和前任纠缠不清,就永远无法开始和更好的人约会。

6 秒第一印象

现在,开始在身体、心灵和精神上都准备好开启"贵族生活"。你可能还记得,我提过表面与实质、外在与内在的关系。也许你不该通过一本书的封面来评判这本书,但是它能为你提供一个好的起点,让你知道可以从书里学到什么。因此,你在追捕"大型猎物"时,搜寻衣柜,好好梳洗打扮一番是很有必要的。

不管这是否公平，也不论你是否接受，这是一项无可辩驳的事实。当高质量的潜在伴侣第一次遇见你时，他们可能会迅速下判断。他们会评判你的衣着、表情、仪容、姿态和发型，甚至可能看出来上次你洗头是什么时候，你的指甲和鞋子也逃不开他们的审视。

仅仅通过外表，潜在伴侣已经把你归类为潜在约会对象或者可能拒绝的对象。你在最初几秒钟留在他们眼中的形象非常、非常、非常、非常重要，甚至是充满纪念性的，不要打喷嚏，不要显得小气。（我还用说得更严重些吗？）

如果你还是不信，那我们来看看录像吧。《个性与社会心理学杂志》上刊登过一篇名为《半分钟：从肢体语言和外貌吸引力预测老师的评估》的文章。[7] 学期开始时，让大学教授、中学校长、师生都看学生们的一段30秒的个人视频。他们需要根据那短短半分钟的影片，预测每个人几个月之后的表现。

到了学期末，老师、管理者和学生们再次接受调查，填写对每个人的感受。此时他们已经认识被评价者一段时间了，但这次他们做出的评价和最开始的几乎是一样的。

人们根据在学期开始时看到的30秒的视频，做出的猜测已经非常准确了。研究人员又进行了第二项研究，把视频时间缩短到15秒。不过，他们的猜测还是有惊人的准确性。最后，研究人员做了第三项研究，结果显示，即使只看6秒钟的视频介绍，许多人仍然能够预测几个月后他们对此人的感觉。谁说第一印象不重要？

很明显，想要什么样的伴侣，就要选择什么样的衣服。我们先看看那些潜在的高质量伴侣都有哪些类型，然后再布下陷阱。但是在展开攻势前得先了解几个重点。

> **Technique 技巧 15**
>
> **从一开始就要闪闪发光**
>
> 不要指望在遇见一个绝佳的潜在伴侣后再展现出你最佳的一面。你在打招呼的时候就要全力以赴，否则在那位你渴望拥有的人回应之前你就会被他归类到该拒绝的那一类里了。永远不要低估第一印象的重要性。

"如果你想猎杀它，就得知道它的习性"

当人们问我，"你最糟糕的一次约会是和谁？"或者"你有过地狱一般的约会经历吗？"，我会回答是和布奇的约会。尽管布奇是个哲学家，而且在很长一段时间内无意地给了我一些至理名言。

布奇是我通过相亲认识的。他来接我的时候，我就该知道这不会是一个梦幻般的夜晚。你看，布奇没有来到我门前轻轻敲门，而是在晚上 7:30，我们约定的时间，在我家门前按喇叭。

抱着履行义务的心态，我跑向他的小货车。在去餐馆的路上，我们经过一块空地。当他减速时，我开始担心自身安全，但好在他没有停下。但当他说"不知道猪是不是在那里扎根"时，我开始担心他的神智是否正常。

"你说什么？"我问。我不该这么问的。布奇在接下来的一个半小时里，以此为线索，试图用他那充满激情的猎杀野猪的故事来取悦我。但只要我能把他对西方世界哲学的贡献保留很久，所有这些倾听都是值得的。布奇说："如果你想要猎杀它，就得知道它的习性。"

Technique 技巧 16
学习卓越人物的习惯

像布奇说的，你得了解你的目标。如果你要俘获王子般的"猎物"，你得了解他们的吃穿用度，他们在哪里度假，他们的语言风格，他们的思维方式……你需要了解的不胜枚举。

如果他在此时结束对话就好了。但整个晚上他都在告诉我他的橡子诱饵，他很自豪自己在橡子上面加了柴油，"这样小浣熊就不会去抢着吃了"。他说，有时他会加树莓果冻或啤酒，让猪吃起来更美味。可那时我们正在吃晚饭！

当他开始讲述为什么颈部注射比肛门注射好的时候，我失去了理智，开始假装偏头痛。但是，回首往事，这一晚值得用他的一句简洁的哲学真理概括："如果你想要猎杀它，就得知道它的习性。"

可以带走我,也可以离开我

仅仅知道物以类聚是不够的,你必须好好检视自己的羽毛,看自己是否符合标准。这样你就有选择了,结交志同道合的朋友,把自己打扮得漂漂亮亮的。幸运的是,做到这一点对你来说很容易。但首先你必须摆脱任何先入为主的观念,比如"我就是我,他们可以带走我,也可以离开我"。

"我是谁"是一个很好的哲学概念,我不会试图完全定义它。简单来讲,你是基因、教养、生活经历和习惯的结合。你无法改变基因或过去,但可以改变习惯。而且,如果你习惯和配不上你的人在一起,风险就是这可能会消耗一些你身上的光彩。你应该懂了吧!

你必须成为一条变色龙

上帝创造的每一个物种都有自己独一无二的特点。鸟能飞翔,猴子能在树上荡来荡去,乌龟能背着自己的家,鱼能游泳,猫有着不可思议的优雅和"九条命"。

但是,只有变色龙和人类被赋予了一种强大的品质——改变的能力。据我所知,在动物王国里,这是其他物种所不能比拟的。如果你想找到一个魅力十足、富有且有原则,或者在其他方面很出色的伴侣,你可能需要提升思维,改善外表或者行为。

我们都知道变色龙无论走到哪里，都能够改变颜色以适应环境。这是一种令人羡慕的品质。但你知道变色龙有更令人羡慕的品质吗？它们可以捕捉比自己大得多的猎物。它们是怎么做到的？世界各地的科学家们为此绞尽脑汁，想知道变色龙是如何完成这一壮举的。

即使是研究寄生于爬行动物体内锥虫的专家、诺贝尔奖获得者夏尔·路易·阿方斯·拉韦朗博士（别担心，我也不知道锥虫是什么），也被它们惊人的能力弄得不知所措。只需翻翻舌头就能抓住比它们大得多的生物，它们是如何做到这一点的？这仍然是一个爬行动物世界的谜团。

然而，学术界普遍认为，秘密在于变色龙的舌头。大多数爬行动物的舌头拥有粗糙的表面和黏性的黏液涂层，这能帮助它们更好地抓住目标。但其他爬行动物，只能捕捉昆虫等较小的猎物。如果要用粗舌技术捕捉大型猎物，则需要一条表面积巨大的舌头。但变色龙只有和它们自身体型大小相应的小舌头。

最后，来自比利时的两位敏锐的科学家解开了变色龙之谜，让科学界的惊愕得以平息。他们的任务是发掘这些小生物是如何捕捉到比他们大得多的生物的。科学家们用高速摄像机正面拍摄了变色龙外出捕获大餐时的画面。

科学家们发现变色龙的舌头在与猎物接触前奇迹般地改变了形状，从而形成了一种有点像棒球手套的吸力垫。一旦吸盘粘在大鸟或其他大型猎物身上，它们舌头上的肌肉就会剧烈收缩，从而形成有力的吸盘。研究人员称其为"翻滚和吸吮技术"，因为这项技术，变色龙能够享受它们的丰盛晚餐！

擅长变化

你也可以使用"翻滚和吸吮技术"来"捕获更大的猎物"。这不是要你真的去翻滚或者追着巴结潜在伴侣,它只是意味着你可以改变自己的一些习惯,吸收他们的习惯。然后你就能融入他们,成为王子或公主的合适伴侣。

你必须像变色龙一样,擅长变化,多才多艺,充满灵活性。如果你想要的伴侣留着橙色的莫霍克发型*,那么是时候去你的美发师那里剃光两侧的头发,然后去当地商店买一些强力发胶;如果你想要的伴侣是预科生,那就去布鲁克斯兄弟公司买一些预科生用品;如果你想要的伴侣很注重精神世界,那就去最近的书店沉浸在精神读物中;并且,如果你想要的伴侣出类拔萃,那你必须卷起舌头,就像出生时就含着一把金钥匙一样。

> **Technique 技巧 17**
> **做一条变色龙**
> 不幸的是,许多人仍然适用于"物以类聚"的自然法则。因此,如果我们想要一位一级棒的伴侣,我们必须在各个方面(包括样貌、声音和气味)向他们靠近。

---

* 编者注:莫霍克发型是一种剃光两侧只留下中间部分的发型。

假装成功直到变得成功

为防止理解错误，我先强调一下，衣着只是虚饰。模仿杰出人群的风格，最初可能会为你打开一扇专属的门。但是，要想进入那扇门，就必须有真材实料！这意味着你要参透上流阶层的观念和风俗。

如果可以的话，只是读读这本书不是很好吗？明天醒来，就可以大大提高社会地位，拥有那些与生俱来的信念、价值观、品位了吗？也能自动拥有良好的教养、更高的社会阶层、迷人的外表以及强烈的自我意识吗？那是做梦！这不会在一夜之间发生。

幸运的是，这一切有路可循。那些读过我其他书的人知道，我是"假装成功直到变得成功"思想的坚定捍卫者。这也适用于追求一等伴侣。只是当你不知道需要"假装"成什么样时，"假装"会有些困难。通过"表现优雅"来赢得优雅的伴侣、"表现高贵"来赢得高贵的伴侣，这些说起来很容易。但是，更高的社会阶层有时会令人困惑。就像他们所说的那样，除非我们"天生如此"，否则通过"规范"模仿似乎有些曲折。但是不要害怕，所有秘诀我都会告诉你。

几年前我出席一场活动，人类心灵导师和畅销书《梦想成真》(*Live Your Dream*)的作者莱斯·布朗也发表了讲话。在听完我的介绍并阅读了我的一本书之后，莱斯慷慨地写了一封推荐信，并且邀请我使用。他说："要成为人生赢家，您必须像人生赢家那样装扮，模仿他们的走路姿势和行为方式。"莱斯提供了扎实的"技巧",助你成为赢家。

这也正是我要做的,我同样会给你提供切实可行的技巧,助你追求理想的优质伴侣。看完这本书,你就会获得可以轻易赢得王子或公主的那类高贵的特质。

"位置,位置,还是位置"

所以,你已经做到了。不尽如人意的约会对象已经成为历史,你已经准备等待完美伴侣突然出现,疯狂地爱上你,从此你们将幸福地生活下去。

但是有个问题,生活不是童话。你想要的一切,都得靠你自己去实现。那么第一步是什么?如果你真的很认真地去追求一位更好的伴侣,那第一步是相当猛烈的,但不是每个人都做得到。然而我保证分享真理,全部的真理,除了真理什么都没有。我们开始吧。

为了增加"捕获"一位让人惊艳的伴侣的机会,你必须行动起来!听见了吗?房地产领域充斥着老生常谈,说的全是"地点,地点,还是地点"。好吧,令人惊讶的是,"地点,地点,还是地点"也是爱情的法则。

几年前,一位名叫詹姆斯·博萨德的研究人员检查了五千份结婚证上的地址,并将其结果纳入了一项名为"居住区距离影响婚姻选择"的研究中。博萨德发现,人们通常与住在附近的人结为连理。事实上,17%的夫妇住在彼此相隔一个街区内,住在四个街区内的比例高达31%,只有五分之一的夫妇来自不同的城市。[8]很明显，大多数婚姻发生在彼此住得很近的人之间。

"当然，"你可能会说，"那是过去，现在不一样。你忘了考虑乘飞机旅行、流动性加快和日益缩小的地球。现在已经不同了。"

我的答案是："没错，从某种程度上讲是这样的！"确实，我们现在有机会与成百上千的人接触，机会比几十年前多得多。但这是一个可悲的事实。即使在拥挤的机场里，你的眼睛紧盯着是否会出现你的梦中情人，你的心脏在跳动，但你们相遇的机会有多大？或者即使你们相遇，而且你们在飞行前一起喝了一杯咖啡，但很快你心之所向的对象上了一架飞机，消失在你的视线外，而你却被困在了另一架飞机上。哇，你们在一起度过了十五分钟，真是令人激动。但是，这是否值得在时间和金钱上加那么大的押注呢？

过度分析

最近我亲身经历了这样的事。一天晚上，我像只兔子一样在机场飞奔，想赶上一次时间很紧迫的转机。我一手抓着钱包，一手拎着提包冲到柜台时，意识到自己需要出示登机牌和身份证。我迅速蹲在地板上，笨拙地在钱包里搜寻。我的钱包在一个地方，化妆包和一些令人尴尬的女性用品在另一个地方！

啊！我在包底发现了登机牌夹。就在我把它拽出来的时候，一只强壮而温柔的手搭在我肩膀上，一个低沉的嗓音说："别担心，女士，没有我飞机哪儿也去不了。"我抬头看见飞行员笑容可掬的英俊脸庞。

该死！我的喉咙发干，手心湿透。心跳加快的声音盖过了我咕咕哝哝说出的几句空洞的话。后来我知道了他叫罗杰。人如其名，他非常绅士。他伸出手扶我起来。我在钱包里翻找的时候，罗杰解释说飞机还没到，预计会延误一个小时。

我松了一口气，把一地的东西收回包里，也捡起了我的智商，我偷看了一眼他的无名指，我开心地发现他的无名指上什么也没有戴。我撒谎说我很想喝杯咖啡，然后问："附近有星巴克吗？"（我很清楚隔壁就有一扇星巴克大门。）我的策略奏效了，在接下来的半个小时里，我喝着一杯脱脂拿铁，绝望地坠入爱河。

然后飞机来了——太快了。我向他塞了张名片，他就去了驾驶舱。我坐到18D座位，再也没见过他。

几个月后，我的电话响了。是罗杰！他在一本不起眼的杂志上看到了我的照片，他打电话来只是想打个招呼。我忍不住开始东想西想：这意味着他对我也有感觉吗？不可能！但他为什么打电话来？我像个小女生那样开始了一系列可笑的分析，过度分析，然后又分析了一遍。

顺便说一句，先生们，我们女人就是这样的，我们没办法控制。你和隔壁的男孩通过把你们猫的尾巴绑在一起形成了最初的兄弟情义，而你年轻的姐妹们则通过细致地讨论男孩子形成了亲密的女性友谊。她们分析男孩说的每一个字，比如，当他说"请把土豆泥递给我"时，他真正的意思是什么。她们仔细分析他的每一个音节、每一个表情、每一个手势、每一句话细微的意思差别。当她们分析完时，怕自己漏掉什么，会再来一遍。这对女性来说很自然，这是写在我们基因里的。

总之，罗杰和我讨论了接下来几个月我们将要去哪些城市工作。不幸的是，我们发现彼此的距离从没少于几百英里。我们两个都没有疯狂到仅凭在星巴克几分钟的短暂交集，就提议来一次全国旅行再次见面。梦想破灭了，希望破灭了。我们这个快节奏的世界就是这样。

你又找到一只忠实的青蛙

让我们看看另一个场景，一个看起来更有希望的场景。假设你有更多的时间和你的潜在伴侣在一起，假设你正在做一个长达一个月的项目，你的梦中情人从另一个城市飞来帮助你。在办公室里你们密切合作，彼此之间无法抗拒的吸引力在你们身上显现出来。很快你们就不只是朝九晚五在一起，而是朝九晚六，然后朝九晚七。你们俩都好像身处天堂。但是，项目最终会结束，你的狂喜之月也会结束。你们回到各自的海岸或城镇。你们在电话里聊几个小时，你们每天都要发电子邮件，还制订了许许多多相聚的计划。但你们俩工作都很努力。你的电话费成了天文数字，电子邮件变得非常耗时，美好的记忆开始褪色，长途旅行的费用和不便开始超过在一起的快乐。当然，打包所有东西，放弃工作，向你那位看似有未来的伴侣靠近的赌注太大了。所以最终，幸福的梦想会变成"曾经很幸福"。

另外，你每天见到的那个男人或女人开始暗示想和你一起喝咖啡。是的，然后他（或她）提出共进晚餐、一起跳舞，你照做了，你猜怎么着？你找到了一只新的忠实的青蛙。

男人讨厌被拒绝，女人不想太主动

以下是两个最常见的场景。当住得不近却可能成为恋人的两人相遇时：你坐在一家很高档的咖啡馆里，看到一位优质的潜在伴侣在啜饮名牌咖啡。你笑了，他（或她）微笑着回应。然后你们两个开始继续喝咖啡。他想："她很漂亮。但我敢跟她搭讪吗？如果她只是出于友好微笑，然后拒绝我呢？"（男人讨厌被拒绝。）

女人想："哇，他很可爱。他会过来和我说话的，因为我对他微笑了。当然，上前搭讪不是我的责任，所以我就坐在这里等着。"（女人不想被认为太主动。）

现在会发生什么？嗖的一声，你潜在的公主或王子就开车回到他们的高档区了，你也开车回了自己家。即使你们真的相遇了，也不会发生什么。男人们，当你聊天时，你会发现自己在考虑是不是敢和她约会；女人们，你在策划如何暗示你想和他约会，"我应不应该约他？"

假设你们两个都态度坚决地定下约会，而且约会也很愉快，你们会计划再约会一次，然后是下一次约会，也许还有更多次。但每一次，它都会涉及：打电话、定地方，以及如果你们一起吃饭，就要付钱给一家高档餐厅，还有决定何时、何地或是否要再次相聚。

如果你们想进一步，就会涉及"去我家还是去你家"。这个问题就更复杂了，会牵扯"谁开车到谁家"和"谁带谁回家"，还有"是不是应该在工作日相见？"，因为两人都想在各自的浴室里早起沐浴。这些都是相对较小的问题，但是相比住在同一个街区的情侣所要面对的问题，就属于大的分歧了。他们可以在附近吃饭，走路回家，期待第二天再来一次这样的约会。

爱的近距离法则

这种现象已被证实能够大大增进爱侣关系的发展，心理学家简单粗暴地将其命名为"曝光效应"[*]。[9]简言之，你看到一个陌生人的机会越多，就越容易建立眼神连接。接着会遇见他们，喜欢他们，甚至发展到约会，然后在一起。偶遇某人的次数越多，你越会感到命中注定要和他在一起。

这一点已被研究人员证实，他们暗中安排男人和女人偶遇许多次。[10]实验结束时，研究人员调查有哪些被试者与另一部分被试者产生了友谊或者恋爱关系。他们发现，在其他变量稳定的情况下，彼此偶遇最多的人们，最有可能与对方发展个人关系。这就意味着，如果你与一位潜在伴侣一周偶遇好几次，你们坠入爱河的概率会更大。

---

[*] 编者注：曝光效应（the mere exposure effect），又称单纯暴露效应、纯粹接触效应等，由美国心理学家罗伯特·扎荣茨（R.B.Zajonc）于1968年提出，指个体能够接触到某一事物的机会越多，个体对这一事物的好感度越高。

也许你总是看见同一位梦中伴侣在一家风格别致的咖啡馆点上一杯卡布奇诺；或者中午时分发现他独自在一家高档餐厅用餐；或是在一所奢华的酒店享受下午茶；或是六点钟在一家黄金地段的健身房锻炼；最后在晚上快八点时进入一场慈善晚会。你会有很多和潜在伴侣增加接触的机会。

如果你还是不相信住所的重要性，我们再来看一项有着有力数据支撑的研究。一群研究者做了一项疯狂的研究，暗中计算一个城镇内的单身人士的来来往往。他们将城镇划分为不同的街区，绘制了十几个以个人为中心的彼此之间的行动范围，然后追踪结婚的那些人。结果很明显，行动范围最小的圈子比行动范围更大的圈子结婚数量更多。换言之，人们更有可能和住在半英里之内的人结婚，而不是和住在仅仅几英里外的人结婚。这种与住所附近的人结婚的倾向被伟大的社区研究科学家称为"博萨德定律"（根据研究者詹姆斯·博萨德的名字命名，前文提过此人）。

等等，不仅如此！而且，你遇到的人越多，你就越可能拥有一段成功的关系。为什么？因为如果只是在一个比较拘束的"约会"场合见面，大家都会盛装打扮，竭尽全力表现出自己最好的一面。然而，当你在杂货店或当地的咖啡店偶然遇到某人时，你会看到他更自然的一面。如果你和一位前途光明的潜在伴侣在一个社区项目中工作，他就有更好的机会去了解真实的你。那些优秀的人可以看到你与其他人互动，例如杂货店店员、邻居、同事。随意的"偶遇"对话能够揭示很多。而且，如果你们在这种更自然的状态下喜欢对方，那么你们长期相处下去的机会就大得多。

> **Technique 技巧 18**
>
> **学会爱的"近距离"法则**
>
> 捕获潜在优质伴侣的最好方法之一就是在他们的"大本营"里生活。在同一条路上慢跑,在同一家药店买牙膏,在同一家商店买衣服,在同一条街上遛狗,加入同一家健身房,去同一个地方做礼拜。尽情沉浸于所有的社区活动吧。记住那条旧规矩也会有新变化,圣经里说"爱你的邻居",我要说:"让你的邻居爱上你。"

我有一个女性朋友吉莉安,在学校时我就认识她了。她后来也搬到了纽约,我们经常见面。当时,我们都在努力维持收支平衡。尽管吉莉安入不敷出,但我始终记得她有着昂贵的品位——但是她肯定无法仅凭自己的预算尽情享受奢华。我们曾经坐在她的小公寓里,对时尚杂志上的衣服羡慕不已。她发现了一对漂亮的钻石耳环和一块昂贵的卡地亚金表。

她说:"总有一天我要得到这些耳环。"但当时的我们正在经历称得上是贫困的时期,我们都决定把这些奢侈品从脑海中抹去。我很快就忘记了,但她没有,因为她不断提起那些耳环和手表。这成了我们之间开玩笑的话题。每次看到一个貌似很有钱的人,我们都会看着对方。为了纪念那对梦寐以求的耳环,她会用手轻轻拧一下耳朵,我则微笑着摩挲手腕,想起那块昂贵的手表。

吉莉安很快就成为一名相当成功的文案撰稿,最终在纽约郊区皇后区租了一套漂亮宽敞的公寓。在我看来,她的生活很理想。她在工作中很受尊重,也经常旅行,她的朋友圈很广,还有一个漂亮的公寓,她约会过很多次。但是因为我们现在都很忙,所以没时间经常见面。偶尔我会和她通电话,她告诉我,她很快乐,一切都很顺利。但她抱怨说,她没有遇到任何有趣的男人:"那些人都是老样子。"

大约一年前,吉莉安开始和我谈论她的年龄,以及时间是怎样一分一秒流逝的,她没有遇到任何值得托付、能成为她未来孩子父亲的伴侣。我知道吉莉安眼光很高,任何一位候选者都必须让她相当中意才行。当时,我刚刚开始收集研究资料撰写《如何让你爱的人爱上你2》这本书,我告诉她爱的"近距离"法则——博萨德定律。

几个月后,吉莉安打电话给我,宣布她找到了一套新公寓。她告诉我:"好吧,那其实不是公寓,只是个工作室。其实也不算一个完整的工作室,而是萨顿广场的一套大公寓里的一个小女佣房。"萨顿广场是曼哈顿最高级的地段之一。

当她告诉我,她为这个小房子支付的高昂租金远远超过她在皇后区宽敞的两居室公寓时,我以为她疯了。"为什么?"我结结巴巴地问。我想知道她为什么要这样做。

她回答说:"博萨德定律!"

"哎呀。"我开始祈祷她并非听了我的话才采取行动。生活可没有万无一失的计划!

接下来的几个月,我到吉莉安狭小但布置优雅的"公寓"探望了她一两次,在她的小沙发上,我蜷缩在她身旁,她的选择让我感到有些后悔,这也许是我的错。

过去两年我经常出差,所以我们连打电话的时间都没有,更别说聚在一起了。然而就在今年一月,我接到吉莉安的电话,说有好消息要告诉我,但只想当面告诉我。她邀请我到她的公寓。确认地址后,我们定了时间。挂电话时,她说她的公寓号码不再是 E,而是顶楼公寓 D。我猜吉莉安已经搬到顶层另一间公寓的房间里去了。

我六点半到的,在电梯里我开始思考附近有什么我们能负担得起的餐馆,却想不出答案。我敲了敲顶楼公寓 D 的门,一位身着女仆装的佣人应声而来。我结结巴巴地道歉说,我是来看吉莉安的。

"好的,"女佣回答说,"夫人马上就来。"夫人!我不是来看"夫人"的,我是来看我的好友吉莉安的,那个在一间大大的公寓里租住了一个小房间的吉莉安。就在这时,吉莉安跑到门口,给了我一个大大的拥抱。

"今晚有个惊喜!"她说,"杰拉尔德晚上到家后要带我们去卢特塞吃晚饭。"(天呐,卢特塞!我读过关于它的书——纽约顶级、最昂贵的餐馆之一。)"不过我要先送你一件礼物。"她递给我一个盒子,里面有一块漂亮的卡地亚金表,像极了我多年前想要的那块表。

"吉莉安,你疯了吗?我不能要。"

"你当然可以收下。"她坚持说，然后在这个满是名画与精美古玩的房间里挥了挥手，说道，"这一切都要感谢你。"

我语无伦次地问："什么要感谢我？"

"我现在的生活。"接下来的半个小时，吉莉安把一切都告诉了我。

吉莉安是如何找到王子的

自从搬到这里，一周有三次她都会在电梯里遇见一位名叫杰拉尔德的绅士，见了几次后他们便聊了起来。这才知道，杰拉尔德是一名艺术经销商，那时他的妻子在一场事故中去世没多久。

一个周六早上，吉莉安在附近唯一一家平价熟食店买了松饼带回家。她手里攥着棕色的小包，一头撞上了从电梯里出来的杰拉尔德。他说自己正要出去吃早午餐。吉莉安交叉着手指，快速地来了个180度转身，谎称她也是。然后她问他："能不能

Technique 技巧 19

居所虽小，思维要大

你不需倾家荡产搬到一个高端人士的街区里，只需在附近选个地方，就能更容易捕获更大的猎物。

推荐一个吃早午餐的好地方。"

吉莉安真棒！她成功了，杰拉尔德邀请她一起吃早餐。好吧，你可以猜到剩下的故事了。这是一个经典的"邻家女孩"故事，在整个历史中不断重复。爱情的近距离法则让吉莉安得到了她的王子。你怀疑这是虚构？不，这是事实。这是一个结局美满的童话。最近这样的故事你听到了多少？

吉莉安的清单

那么找到潜在优质伴侣最好的地方在哪里？这同样取决于你追求的伴侣类型。如果你像吉莉安一样目标是高雅富有的人，这里有一些建议。

既然"阶层"的概念只能私下说，那么你必须深挖。H.L.门肯在《美国水星》杂志中创建了一个"社会指标"列表，当然，你可以得到一份"身份"的副本，看看大多数重要的人住在哪里。

你也可以试试《大西洋月刊》的邮编订阅列表，然后在某个邮编所在的地方租一间房间。决定去哪里"打猎"的一个简单方法是判断某份报纸在那个城市的重要性，这是一个极好的社会指标，《纽约时报》高居榜首。

下面几个城市是吉莉安列出的，按英文名字母顺序排列：巴尔的摩、波士顿、费城、旧金山、纽约、芝加哥。

在郊区寻找富有的伴侣有些困难，因为你很难在他们的豪宅里觅得其踪迹。然而，在康涅狄格州、马萨诸塞州、纽约州、北卡罗来纳州、宾夕法尼亚州和弗吉尼亚州等广阔而昂贵的农村地区则隐藏着大量的潜在伴侣。

如何判断哪些场所有利于进行高质量的"捕猎"呢？有人告诉我，最难找到高贵王子的地方（你相信吗？）是那些拥有保龄球馆的地方。事实上，两位阶层观察家列出了一份"令人遗憾的"城市名单，这份名单上的城市人均拥有保龄球馆最多。

> **Technique 技巧 20**
> **搬到中意的人附近**
> 认真思考自己想和什么样的人共度一生，高贵的？富有魅力的？有创造才华的？还是富有而优雅的？找到他们的栖身之所，立刻飞过去。

接近你想结识的人的方法

住在你想要的终身伴侣附近也有着更深层次的原因。居住在社区中并与居民打成一片时，你就会开始用他们的眼光看待世界。这就像一种熏陶，他们的信念开始与你的信念融为一体，他们的生活理念、态度和行为方式也会开始对你产生影响。你发现自己以不同的方式看待事物，眼光变得像他们一样，因此就会发展出极为重要的一点——志同道合。

吉莉安想要一个"更高雅"的王子，所以她搬进了一个"更高雅"的社区。但如果你对王子或公主的定义是受过更好教育的人，也许你需要搬到大学附近。这样，你不仅会遇到受过良好教育的人，你的人生观也会变得更加以学术为导向。因此，在一个更博学的社区里，你对王子或公主会更有吸引力。

如果你在寻找一位忠诚的王子，你可能要搬进一个虔诚的社区。在那里，你将通过一个更具灵性的视角来看待生活。这样，对于那些全心全意奉献给心中的神的人来说，你会更有吸引力。

如果你要找的是一位艺术型的伴侣，你甚至可能得搬到我在纽约的破旧街区。在索霍区，你会发现数以百计食不果腹但非常有才华的艺术家。如果你渴望的不是像吉莉安那样的一杯卢特塞餐厅的茶，而是墙上一个破洞里的一杯香草茶，那就搬过来吧！

由于本书篇幅的限制，我只能选择几种高端人士作为例子。由于"外表出众的""上流阶层或富有的""值得尊重的"和"富有创造性或有趣的"在最受欢迎的伴侣列表中高居榜首，我会提供俘获这四种伴侣的技巧。其中许多技巧是通用的，只需按你的喜好搭配。之后我们会继续说说名单上最受欢迎的四种类型。

Chapter 3

如何找到一个真正的好人

俘获一位尊贵的王子或公主

当你对理想伴侣的定义是一位风华绝代的佳人,那就会有一系列问题。其中包括:一、你的不安全感;二、他人对自己深情的怀疑;三、对方因为过分美丽而心怀负担,虽然这可能是因为他们的神经质心理,但我是说真的。

许多人平时和他人聊天时都很自信,但和一位万人迷面对面时,却仿佛丢了舌头,开始结结巴巴,支支吾吾,当众出洋相。

我也经历过类似的事情,同样手足无措,事后又后悔得要命。有一次一位高大的帅哥在一次大会上跟随在我身后。我很怀疑他的动机,甚至开始讨厌他!(后来共同的朋友告诉我,他是真的对我感兴趣,我现在更加讨厌我自己了。)

不幸的是,对大多数人来说,外貌都是决定性因素。有一项叫作"约会行为中生理吸引的重要性"的研究就证实了这个现象。[11]

376名大学男生与女生报名在一场舞会上相亲。受试者事前不知道,调查者已经秘密给他们的外表吸引力打分。所有受试者都填写了一项个性测试。研究者告诉他们,他们会和"性格相似"的人配对。

研究者说谎了——当然是以科学的名义。他们只是把所有受试者的名字写在纸条上卷起来丢进帽子里，然后随机配对，没有考虑外表或性格。然而每个来到舞会的人都认为研究者将性格相似的人分配在了一组。

舞会结束后，研究者让学生填写一份关于相亲对象的简短调查问卷。他们回答的问题包括："你喜欢自己的约会对象吗？"以及"你想再见对方吗？"

当研究者把结果与个性测试结果相比时，事实证明，影响一个人对约会对象评价的唯一因素是：对方有多好看。是的，外表确实很重要。

如果没有吸引人的外表，怎么办

最常见的问题之一就是："如果我的长相还过得去，是不是就有机会俘获美貌的另一半？"好消息，就是这样没错。

人们不去追求美貌的伴侣是因为害怕失败。有一种心理障碍，我称之为"我不配"。每个人都对自己能找到什么样的对象有一种预期。我们会发现，大部分人对自己形象的认知都是驴唇不对马嘴，我们看待自己的方式通常和他人不同。

在另一项研究中，无情的研究者让一组人对另一位受试者的吸引力进行评价。[12] 他们问了受试者两个问题：

1. 你认为组里的其他人会如何评价你的吸引力？
2. 你认为自己的吸引力如何？

受试者对这两个问题的回答非常相似。换言之，人们对自己外貌的评价和他们推测的别人对自己的评价几乎是一样的。然而在对比其他人对他们吸引力的真实评价时，就出现了很大差距。大部分人得到的评价比自己的评价更高。

> **Technique 技巧 21**
>
> **不要问自己的镜子**
>
> 关于自己能找到多好看的伴侣，人们总是大错特错。调查显示，大多数人低估了自己的吸引力。自信一些，去追求那些富有魅力的潜在对象吧。你会有惊喜的！

受试者很擅长给别人的外貌打分，但是到了自己身上就会大错特错。一位暮气沉沉、相貌普通的人可能会认为自己充满魅力。

但许多受试者则会有相反的错觉。他们其实很好看，其他人也都是这么评价他们的，但他们却认为自己不吸引人。许多受试者甚至认为自己是整组人当中最不受欢迎的。

但这与找到富有魅力的伴侣有什么关系？关系可深了，因为大部分人都会去追求我们有把握追上的对象。无论男性和女性都会低估自己的外貌，因此都不愿追求对自己有吸引力的人。研究显示，我们对自己的外貌判断并不准确，我们总是大大低估自己的吸引力。

美貌和一段长久的爱情之间的关系还需要考虑另一个因素。即使我们和一个确实很好看的人出去约会，我们也不会认为他们适合当终身伴侣。考虑到下半辈子每天睁开眼都会看见这张脸，你选择时可能会考虑更多。

在不断接触中，我们对某人的看法可能会改变。如果你清楚自己的外貌并非强项，我的建议是：别去单身派对那类地方，那里的人们只会根据你的外表做出草率的判断。参与志愿者活动或者报个班，这样就能和优秀的潜在伴侣不断接触。

谁的外貌更重要，男性还是女性

在我举办的关于关系的研讨会上，我经常问大家："你们认为谁的外貌更重要？一位女士的容貌对男士来说更重要，还是一位男士的外表对女士更重要？"我听过各种不同论调的"女性容貌更重要"，我让他们再想一想。他们说："什么？男性的外貌对女性来说更重要？不可能！"

令人惊讶的是，男性的外貌对女性更重要，而不是反过来。然而，客观存在的美貌在男性的愿望清单上更重要。这听起来有些矛盾，但的确可以解释。一项名为"散发魅力的美貌：富有魅力的伴侣对个人认知的影响"的研究指出，如果一位男性挽着一位美丽动人的女性，人们通常会认为他富有、有成就，也更帅气。[13]这就是为何男人，特别是那些没有安全感的男人，只会为了炫耀而选择漂亮的伴侣。

女人会更在意一个男人脸上的特点——她们会更加挑剔！

如果你挑出一位幸运男士，列出一百位适龄、社会经济地位也不错的女士，背景合适的话，他可能会为其中的一大半心动。现在列出一百位男士，轮到女士来做选择，结果如何呢？尽管名单里的大部分男士都富有魅力，但只有一小部分会获得她的青睐。为什么？因为女性对于自己寻找的东西更为明确。如果她想要有个性的男人，那他的脸必须具备这种个性才能引起她的兴趣；如果她看重幽默感，你得时不时讲几个小笑话；如果她为学识着迷，那高智商对她来说可能比外貌更重要。

对男性智力的着迷可能会影响女性对男性着装的看法。研究表明，男性戴眼镜比不戴眼镜更受女性青睐。[14] 这难道不是证明了女性认为高智商的外表比英俊的脸庞更重要吗？

> **Technique 技巧 22**
>
> **记住——大脑比肌肉更重要**
>
> 先生们，还在担心自己不是"满分"吗？忘掉这些吧。即使是一位惊为天人的公主，对她的下一代来说，父亲的智商也比肌肉重要得多。

俘获美貌伴侣的秘诀

我可以用一个词来概括——自信。许多人被那些耀眼的男性和女性吓住了，因此不敢靠近。他们认为其他人都会对他们展开追求。

你猜怎样？事实并非如此。当我在泛美航空做乘务员时（那时候乘务员还是一个非常风光的职业，大部分乘务员都魅力四射），我也兼职模特，但是周六晚上我那些富有魅力的朋友却没有约会。为什么呢？因为男人害怕对她们展开追求，男人们总觉得自己没有机会。而女性在面对帅气的男性时，也有这种同样严重的害羞情绪。

欲知更多详情及如何解决这个问题，请看本书最后一章。

他/她为什么选择了这样的人而不是我

为什么有些人总能比其他人更能撩动你的心弦？这是心理因素、生理因素还是人类学因素造成的呢？其实三者都有。

可以理解的是，已经结婚的夫妻在年龄、宗教、民族背景、社会经济地位，甚至是政治观点方面都很相似。然而一组研究人员却很震惊地发现，比这些相似之处更常见的相似之处是——人们总是会和跟自己长得很像的人结婚。[15]

不一定是外表上的相似，通常是一些很微妙的东西。一项研究发现，一些夫妻在一些不太引人注意的生理细节上面有相似之处，例如耳垂的长度、双眼之间的距离，甚至是手指的长度。社会学家用"铭印"一词来解释这种社会现象。

我们在5~8岁之间的幼年记忆会深深埋藏在我们的潜意识之中。心理学家发现，我们人格中很重要的方面都是来自这些早期的童年经历。这些回忆通常影响着我们的心态，甚至决定我们选择伴侣的偏好。这些埋藏在记忆深处的关于爱和安全感的回忆，通常来自我们小时候对我们付出爱的家庭成员。

这些爱我们的人通常和我们长得很像。毕竟在我们的性成熟期，是这些人陪伴在我们身边：父母、叔叔、婶婶、兄弟姐妹，以及同一个基因池里的亲属。因此20年、30年、40年、50年后，当我们看到那些跟自己的亲属具有类似特征的人，早期对于爱的感觉就开始慢慢涌现。

这就是为什么一位男性或女性会被特定的人吸引，而不是去选择那些更好看的人。这个难题，或许你的奶奶会有一个更好的答案。不论何时，当我震惊于自己的一位女性朋友竟会爱上这样的一个人，她却只是点点头，然后用哲学家般的口吻宣布："爱自有它的去处。"我的这位女性朋友不知道自己的话验证了300多年前帕斯卡尔的智慧：心自有其理智，而理智一无所知。部分读者可能不相信300多年前的人，但这句话的意思其实是，人们可能毫无缘由地选择某种伴侣。

但这背后确实有原因。命运不会突然在一个清晨指着你潜在的伴侣，告诉你说："亲爱的，这就是你的伴侣。"命运不会规定你要怎么说话，要怎么笑，或者用怎样深情的目光使对方的心房颤动，双手出汗，坐立不安，也不会让你的倾慕对象来问你该如何"走上神坛"。一见钟情背后是有科学原因的。

我在当试衣模特的时候，曾经有一个室友体验过一见钟情的感觉。那时我刚搬到一个很棒的公寓，这个位于一楼的公寓，有阳台和餐厅。附近还有一个叫作"星期四"的酒吧。因为这套公寓并不便宜,我需要跟人合租。我在一家机构上寻找室友,然后打给了一个在上面发布广告的女人。

后来,我发现这位新室友是一名内衣模特,和电影明星杰西卡同名,也和电影《谁陷害了兔子罗杰》中的杰西卡一样美丽动人。许多个夜晚,当她结束一整天在试衣间漫长而又辛劳乏味的工作后,杰西卡和我就会去"星期四"喝一杯,因为他们总是提供免费饮料和小吃给我们。

那里的经理也不是傻子,他知道有许多男顾客光顾"星期四",都是为了一睹杰西卡的芳容,欣赏她的曼妙身姿。杰西卡所到之处通常会引起众多男士的回眸。她一来,每个男人都会因为激动而放大瞳孔,而女人则会眯起眼睛嫉妒地看着她。不止一次,我想大喊:"请给这家酒吧里的每一位女性都来杯牛奶吧!"

有一天晚上,我坐在吧台咬着汉堡包,身旁坐着这位魔鬼身材的室友。一位相貌普通、中等身材、褐色头发、一对小眼睛离得很近的男人过来了,脸上挂着微笑,说:"打扰一下,女士们,你们相信一见钟情吗?还是我必须得再经过这里一次?"

杰西卡转过头,打算用自己的魅力使他倾倒,就像那天晚上令很多男性为之着迷那样,而这个人的台词又是如此拙劣。可是就在那时,当杰西卡的眼睛遇上那个男人亮晶晶的小眼珠时,她瞬间呆住了。她将椅子转向他,摆出诱惑性的双腿交叉的姿势,然后对他说:"你可以试试。"

他耸耸肩笑了一下,就转身走回人群。杰西卡却像刚刚经历了一场车祸,怕他立刻就会离开,再也不回来了。杰西卡叫住了他:"我只是开玩笑的。"

"我正在期待你叫我呢,你好,我的名字是福斯特。"他说,然后自信地伸出手,杰西卡也很开心,握住他的手。"你一定就是大名鼎鼎的杰西卡了。"他转向我时,热情立刻少了几分,"你叫什么名字?"他仍然握着杰西卡的手问。

几分钟后,我找借口走开了,尽量不引人注意地隐匿在人群中。有时我回头瞥一眼他们,杰西卡和福斯特正在干杯。再回头时,杰西卡笑得很开心,正在掸掉对方夹克上的灰尘,也许这灰尘并不存在。那天晚上最后一次看见他们就是他们离开酒吧的时候,不知道他们去了哪里。

Technique 技巧 23

小心隐藏的基因按钮

你必须优秀到极其引人注目来赢得美丽的公主或英俊的王子的心吗?绝对不是。你们两个都不知道的原因是,你的基因可能恰好触动了你目标伴侣的按钮。

到了深夜,时间已经很晚了,我被公寓门铃声吵醒。杰西卡跟跟跄跄地走进来,试图不吵醒我,但打嗝的声音出卖了她。我嘟囔着:"你去哪儿了?"

"你觉得他,他怎么样?"她问。

"那个法比亚?"我问。

"不是，傻瓜，我是说……"

"弗拉维奥？"

"不是，他叫福斯特！你不觉得他很酷吗？"幸好我正半醒半睡，便假装很困，没回答她。

杰西卡和福斯特在接下来的6个月里，开始了电闪雷鸣般的恋爱关系，最后福斯特提出了分手。很显然，杰西卡想让他安定下来，给出承诺，福斯特却想在迈出那一大步之前还可以再拈花惹草几年。

在他们分手后那些难过的日子里，我帮助杰西卡把福斯特的照片从她的影集当中挑出来。她翻了一页，我看到一张男人站在古董车旁的照片。我说："等等，你漏掉了一张。"

她回答："那不是福斯特，那是我父亲年轻时候的照片。"杰西卡总是说起她有多爱自己的父亲，他们之间曾经是多么地亲密。

Technique 技巧 24
不要让充满不安全感的另一半紧张

女士们，这不是吃不到葡萄说葡萄酸。事实证明，男性只会选择那些不安全感较少的面孔，这类男性需要怀中人给他们额外的尊重。研究也证实了这一点，寻找安全感的男性通常会看重人格特质，而非外貌。

直到那一刻,我才知道福斯特和她的父亲长得很像,才将这两个人联系起来。回顾过去,我立刻明白了,为什么福斯特一下击中了杰西卡,因为福斯特长得很像她的父亲。科学现在已经能够完全确定药物是可以影响大脑的化学情感反应的,例如,通过选择性的5-羟色胺摄取抑制剂(如百忧解和帕罗西汀)产生的化学反应也可以被当成爱情。你不能通过给某人一片药片来让他爱你,但化学反应是由对过去的事情和人的本能反应引起的。

这并不意味着,当杰西卡看着小眼睛闪着光、开着老掉牙的皮卡车的福斯特时,她想到了自己的父亲。事实上,在大多数情况下,人们并没有建立这种联系。尽管如此,爱的最初的感觉来自我们早期大脑中印象深刻的痛苦或快乐的反应。

对那些容貌不出众(或认为自己容貌不出众)的女性来说,这或许是个好消息。研究人员进行了一项名为"关注外在和内在"的研究,"对照组"由两种性格类型的男性组成。第一组根据谈话对象来调整他们的行为,换句话说,他们对一个人采取一种方式,对另一个人采取另一种方式。研究者称这些人为"自我监督者"(我称他们为"两面派")。对照组的另一半是在与人打交道时始终如一的男性,他们对自己更有信心。

研究者在约会前问了每个人同样的问题:"你会喜欢一个外表不那么迷人,但非常好相处的约会对象吗?"或者"你更喜欢一个性格不太好的漂亮女人吗?"

结果如何呢?安全感较差的男性选择和"不太好相处"的漂亮女人约会,安全感较高的男性选择的是性格更好的女人,而不是好看的女人。

从本质上说，女性选择男性时，注重的是品质而不是长相。当然，唯一的问题是，男人要花更长的时间来评价一个女人的品质，而女性的外表也总是引人注意。

如果你决定开始追求约会对象，在我继续讨论下一步关系如何处理之前，我想澄清一些事情。这不仅仅是推测，这些生理或心理方法已被证明是有效的，可以帮你赢得心仪的男神或者女神。

但是请不要误解，以上这些因素都不会改变一个残忍的事实，那就是你越美丽，就越容易得到一位同样美丽的伴侣。我只是想说这并非适用于所有情况。

你知道那个"小小汽车很能干"的故事吗？每转一次轮子，小汽车都要说："我认为我可以，我认为我可以。"追求美丽的对象也是如此，大胆去追吧！不要因为其他人也在追求就认为自己完全没有机会。等你追到手，肯定会大吃一惊的。如果你被他们拒绝，也不要磨灭斗志。美丽的人那么多，天涯何处无芳草！总会有你为之倾心的人。

但是，这种赢得某人的方法与获得另一类高质量伴侣的方法不同。有一些规则可供参考。

拍马屁不会让你赢得美人

这种误解是从戴尔·卡耐基的《人性的弱点》开始的。你想和某人在一起吗？去拍他们的马屁。近70年来，人们一直在说"阿门",就像他们在教堂里听到的那样。人们认为"千穿万穿,马屁不穿"和万有引力定律一样是颠扑不破的真理,但事实并非如此!追求美丽的对象时,拍马屁可能会产生相反的效果。

这并不是说漂亮的人不会像其他人一样喜欢被恭维,但这是有区别的。很有可能,美女们已经习惯了被人们吹捧得飘飘欲仙,以至于赞美不再有意义——除非你赞美在点子上!

假设明天你在检查邮件和信息的时候,发现了一条来自英格兰女王的消息,她邀请你去参加宫殿里的一次聚会,并且承担所有开销。你会被正式引荐给整个贵族圈子。你会和女王两人来到她的房间,品尝着下午茶,闲聊一整个下午。

也许你的第一反应和我一样:大惊失色,然后欢欣鼓舞,感恩戴德地向女王行跪拜礼。我首先想的是:"嘿,你和女王两个人面对面在一起的时候,你该对她说些什么?"也许你会研究出哪些该说,哪些不该说。最后却只能选择"女王,您今天过得怎么样?"作为开场。然后呢,和女王聊天跟在朋友们身边可不是一回事儿。

当然要是你和女王真的很合得来,你们可能会像两只喜鹊那样叽叽喳喳地聊个不停,在欢声笑语的气氛里谈天说地。但首先你要记住,哪些能做,哪些不能做。

同样的,当你和一位美丽的女性或英俊的男性闲谈时,你应该提早注意以下几点。

不要太早神魂颠倒

当主人在聚会上把你介绍给一位魅力四射的男士或者女士，在你们开口打招呼之前，你或许已经幻想过你们将会怎样疯狂地相恋，经历浪漫而缱绻的约会、激情四射的性爱，然后结婚，到世界各地度假，安定下来装饰新居。可能你们还会生三个孩子，养两条狗、一只鬣蜥蜴，从此幸福地生活在一起。

当你在房间里对着这个如人偶般美丽的人时，请试着理解他或她不知道你已经在幻想你们在床上的亲密时刻或一辈子的幸福生活。你必须像对待其他人一样对待这个美丽的人，这或许很难。

这是我的一个痛苦沮丧的女性朋友对我的警告，她在仅仅24小时内就经历了爱和失落。事实证明，讨好对于一个容貌出众的人来说是行不通的。我来告诉你在我的一个太快神魂颠倒的空姐同事身上发生了什么。

我的朋友金杰不仅出奇地美丽和聪明，她也是一个非常擅长"调情"的人，因此有了一个"芳心纵火犯"的不太好的名声。金杰恰巧对美食极为热爱（尽管你永远不会从她那苗条的身材知道）。金杰很聪明，她发现了一种在我们途经的城市里最好的餐馆免费用餐的方法。她是怎么做到的呢？

金杰的方法是，在飞机上，她会往那些她看得上的独自一人的男乘客的左手臂一眼。她的"猎物"通常坐在飞机的头等舱里。她喜欢说："穷人不会坐头等舱。"

每当她要开始分发晚餐时，她总是会和那些男乘客说上几句。很多乘客都会上钩，约她出去。很自然地，她会开始精心排练的表演："哦，我听说这家餐厅特别棒（特别贵）。"因此，这些男乘客成了她的棋子，把她带到那里。

金杰喜欢晚餐，而男乘客喜欢金杰。唯一的问题就是她不愿意第二次约会。金杰很漂亮，她也很挑剔。不幸的是，到目前为止，她约会的人没有一个具备与她匹配的资格。

接着，唐纳德王子出现了。他是我和金杰一起工作的一架海外航班上的乘客。金杰看到他在波音747头等舱的休息室里看报纸，我发现她朝他看了两次。当他们聊天时，我以为他只是金杰免费晚餐策略的下一个受害者。

但显然唐纳德深深地吸引了金杰。唐纳德又高又帅，而且很机智，能言善辩。唐纳德看上去受过良好教育，人也很聪明。很明显他不是个穷光蛋。

金杰跑回厨房告诉我她刚刚发现的"宝物"。"帮我个忙，莉尔。我试了三次，但看不见他的左手，我不想表现得太明显。你能不能假装无意从他身边走过，看看他有没有戴着戒指？"

我从他身边来回走了两三次，最后我发现了他的左手无名指什么也没戴！我回到厨房告诉金杰这个好消息。金杰双手合十，低着头开玩笑地祈祷。

"没有结婚戒指，甚至连我们说的'白印戒指'都没有。（外出旅行的已婚男人有一个很坏的习惯，就是脱下他们的结婚戒指——但总是留下一个没有晒黑的白色戒指印。）我宣布，他绝对是单身。"我说。

"上帝真好。"她喃喃地说。

金杰接着涂上厚厚的口红，把头发弄得更蓬松，然后用我从未见过的兴奋和激情扭动着身姿。她笑着，唐纳德则回应了她。他们开始调情。唐纳德和其他人一样喜欢她。他们定下了约会时间。

当金杰约会回来时，我通常都在酒店房间里睡着了。通常我听到她进来，看一眼钟，会发现是十点或十点半左右，然后就继续睡觉了。然而在这个特别的夜晚，她进来的时候我瞥了一眼钟，已经是凌晨十二点半了！

"金杰，你没事吧？"我问。

"很好。"她咯咯笑着说。我看得出金杰很开心。"唐纳德也是从纽约来的！一个女孩能有多幸运？"这是她沉醉于乐观的睡梦前说的最后一句话。

在我们第二天回家的飞机上，金杰告诉了我整个故事。"一切都很顺利。"她说。我开玩笑说，这对她来说是一种角色转换，因为她承认自己在晚餐上花了大部分时间，告诉他自己认为他有多特别。

当时我虽然不是什么恋爱专家，但我的直觉告诉我，她可能在表达倾慕方面有点儿过头了。

果然，我们下一次一起坐飞机，我问："唐纳德怎么样？"她面无表情地看了我一眼，勉强地笑了笑，然后迅速地把目光移开，掩饰她的痛苦。"他从来没打过电话。"很明显，金杰不想谈这件事。我之前怀疑她对唐纳德表达倾慕之情过早，看来是对的。

关于公主和王子有件很有趣的事。因为他们特别受欢迎，所以他们不会因他人的崇拜而扬扬自得。如果有人对我们一见钟情,大多数人一点儿也不介意,反而会把这视作一种恭维。不过,对于一位魅力四射的人来说,这只是稀松平常:"呵呵,新的一天,又一个崇拜者。"

如果你追求的那位魅力四射的对象有一点点怀疑你的赞美是虚假的,或只是出于自私的机会主义,这种怀疑可能会给一段关系带来灾难性的后果。

一篇博士学位论文(这篇论文有一个典型的令人困惑的名字:对他人评价的反应是关于自我评价和互动环境的一个函数)证明,受欢迎的人并不会把恭维放在心上。[16]

研究证明,如果你赞美他人,他们却可能怀疑你是别有用心,比如想要他们的钱或身体。他们不会喜欢这样的赞美,也不会喜欢你!因为非常富有或异常美丽的人习惯于满足他人的期待,所以过早地赞美几乎没有效果。换言之,赞美是一种礼物,魅力四射的伴侣会对此格外小心。

对爱的猎手来说,这意味着我们不应该立刻对样貌出众的人给予溢美之词。事实上,如果你知道出于某些原因你会和他们继续互动(比如一起工作、为同一个项目做志愿者、有同样的朋友、一起上课等),或许可以采取假装不感兴趣的策略。

有研究表明,如果某人在一开始受到冷遇,反而可能更容易接受那个对其冷淡的人。随着了解日益增加,冷淡可以逐渐转变为倾慕。

证明过程如下。研究人员把实验的参与者介绍给受试者,为了让我们更清楚地理解实验的结果,我将受试者称为"美人",因为她们总是光芒四射,令人一见倾心。我把参与者称为"可能陷入恋爱的人",或简称为"潜在恋人"。

> **Technique 技巧 25**
>
> **开始时放慢脚步,静候关系成长**
>
> 鲜少收到赞美的人通常更容易成为拍马溜须者,而经常受到恭维的人往往不会这样。经常受到恭维的人可能会对拍马溜须者招之即来,挥之即去。所以秘诀就是,一开始要表现出对他们的美貌全然不在意,然后让爱意与倾慕逐渐滋生。比起你仅仅欣赏他们惊为天人的美貌,外表出众的人会更渴望你赞美他们的其他品质。

研究者安排了一组外表出众的受试者,让他们几次与一位新的潜在恋人约会。第一次会面之后,这些外表出众的受试者,有机会"偷听到"那些潜在恋人对他们的评价。潜在恋人组会讨论这些外表出众的受试者,给出各种评价,例如聪明、招人喜欢、有趣,或者愚蠢、普普通通等其他负面评价。那些外表出众的受试者并没有意识到,潜在恋人组只是出于实验目的才这样说,所有的恭维和贬低都并非出自本意。[17]

然后受试者会和潜在恋人组进行第二次和第三次对话。同样,他们会听到潜在恋人组对他们的评价。他们并不知道这些潜在恋人的观点都是研究者写好的剧本，并不一定是真的。每一组的潜在恋人都会上演以下四种剧本：

1. **从一开始的正面评价转为负面评价。** 第一次会面后，潜在恋人会对这些外表出众的人给予正面评价，几次约会过后便转为负面评价。
2. **一开始就是正面评价，然后保持正面评价。** 潜在恋人第一次和外表出众的对象约会后，就表达了正面评价。在他们互相了解加深之后，还是保持正面评价。
3. **一开始是负面评价，然后转为正面评价。** 潜在恋人刚开始对外表出众的约会对象表达负面评价，然后慢慢转变为正面评价。
4. **刚开始是负面评价，然后一直保持负面评价。** 第一次约会后，潜在恋人会表达对外表出众的约会对象的负面评价，等他们互相熟悉之后，依然保持负面评价。

在外表出众的受试者无意中偷听到潜在恋人的评价时，研究者转换了他们的角色。这时研究者会问那些受试者，对于潜在恋人的评价感受如何。

研究者非常震惊地发现，外表出众的受试者最喜欢那些一开始负面评价，然后转变为正面评价的潜在恋人。实际上他们喜欢这一类潜在恋人更甚于那些一开始就恭维他们，然后也一直赞美他们的人。研究表明，外表出众的人更希望有人欣赏其人格特质，而非仅凭外貌产生的第一印象。

另外一个令人震惊的发现是，外表出众的受试者也会喜欢那些一开始对他们有负面印象，然后保持负面印象的潜在恋人。实际上这些外表出众的人喜欢这一类人，更甚于那些一开始喜欢他们，熟识之后热情却逐渐褪去的人。这并非全无道理，我们总是喜欢那些随着时间加深而日益欣赏我们的人，对于外表出众的人来说尤其如此。他们已经习惯别人对他们一见钟情。如果某人随着交往的加深，而对他们逐渐表达出倾慕，这会令他们感到耳目一新。

重点是，在追求那些极富魅力的人时，记住他们喜欢慢慢赢得你的尊重。如果你不是一开始就奉承他们，而是在后来的交往中慢慢表示出尊敬，并且渐渐喜欢上他们，这时他们对你的好感最多。如果你一开始就极尽恭维和赞美，最后却慢慢褪去了表达倾慕的热情，他们会立刻对你失去兴趣。

不幸的是，这种状况却很常见。你一定听过这句话，"人总是会伤害自己爱的人"。这背后的原因是，一开始我们总让深爱的人感觉他们是世界上最宝贵的，但随着时间一点儿一点儿流逝，我们的赞美逐渐褪去了热度，研究证明这种情况会使大部分人受伤。

如果你已经遇见了极富魅力的潜在伴侣，已经开始对他们表达赞美，请继续保持下去，随着你们之间的了解加深，也不要让这种激情褪去。如果你一开始就攻势猛烈，并且成效显著，请继续表达你的赞美。但正如我之前所讲，一开始平平淡淡而后表达赞美，这种情况会更有优势，然后你可以慢慢加大赞美的力度。

在追求这些极富魅力的伴侣时，还有另外一个大问题，如果你要恭维或者赞美他们，一定要保证这是发自内心的。如果你只是阿谀逢迎、拍马溜须，那他们立刻就会把你归为最不受欢迎的那一类人。

研究者让外表出众组填写对于自己优势和劣势的评价，然后让潜在恋人组去赞美那些他们认为自己拥有的品质，另一部分潜在恋人则去恭维他们认为自己没有的品质。

你一定猜到了！那些拍马溜须者几乎立刻就被拒绝了。所以一定要保证你对那些外表出众的人的赞美是发自内心的，或者至少在他们看来是真实的。

我爱你是因为你爱你自己

有些涉世未深的人可能会觉得这项技巧有些复杂。但我要告诉大家，使用这项技巧时，大可不必愧疚。原因如下：1.这项技巧可以帮助你改善关系；2.你不必说谎；3.对你所爱的人来说，这是件好事。

你可以这样做，在一开始对那些外表出众的潜在伴侣说："我曾经在一本书中读到，各种各样的人都会希望后代能够记住自己的事情。"

有些人希望自己因为给别人带来欢笑而被记住，有些人希望因为独立打拼、自力更生而被记住，有些人希望自己因为对所有人都非常友善而被记住。然后告诉你的潜在伴侣你认为的在生活中最值得骄傲的品质，这时候一定要真诚。但是这些外表出众的潜在伴侣并不知道,这只是一种让他们敞开心扉对你说出真话的办法。

下一句话你可以问:"你在生活中最引以为傲的品质是什么?你希望后代能够因为什么而纪念你?"记住一定要全身心地聆听他们,然后把他们告诉你的一切详细地记录下来。

现在到了实施策略的时刻。在接下来的几周里,对此只字不提,要让你的潜在伴侣忘记他们曾经告诉过你。等到合适的时机再说出口:"亲爱的,我真正欣赏你的原因其实是……"说出那些他们最引以为傲的品质。你可以用自己的语言加以修饰、润色,但是一定不要脱离主题。

假设这位外表出众的潜在伴侣曾经说过,他最引以为傲的品质就是对所有人都很善良,那你就可以说:"我真正爱你的原因,就是你对接触到的每个人都很善良。"然后你还可以添加一些情节,例如:"上周我看到你对打翻了咖啡的侍者很友善。"或者"在聚会上我观察到你对同事都很和气,甚至对那个一直喋喋不休打扰我们的女性也保持友善。还有,你曾经给一位瘦小的老妇人让座……"诸如此类。

你能想象这对一个人的影响有多么深远吗?影响会非常深远。王子和公主已经习惯受人瞩目,可能是因为他们的名望、资产或者容貌,但是如果有人认识到他们内心深处不为人知的骄傲,那效果将是不可想象的。

我们都希望能够找到爱自己本来面貌、爱我们最原本样子的人。当你还是个婴儿的时候,如果你足够幸运,你的父母爱你不是因为你聪明、有才华或是风趣,甚至也不是因为你很优秀，他们爱你仅仅是因为你就是你自己。那些美丽出众的人也是一样，他们的父母爱他们，仅仅因为他们存在。

我们一生都在寻找这种无条件的爱。

Technique 技巧 26

告诉那些容貌出众的潜在伴侣，你因何而爱他（她）

告诉那些美丽的潜在伴侣："我爱你，因为……"然后说出他（她）爱自己的理由！当那些极其迷人的人觉得你仅仅是因为他们的本质而爱他们，他们会觉得他们确实找到了合适的伴侣。快点行动起来！这是为了与容貌出众的伴侣建立联系，也是为了你们的共同幸福。

Chapter 4

如何找到一个富有或优质的伴侣

"阶层"不是禁忌词汇

当我在自己举办的关于关系的研讨会上问学生："你理想中的父母是什么样的？"或"你在寻找什么样的优质伴侣？"他们第一时间喊出口的答案通常是"一位更高阶层的人"或"一位上流人士"。

那么问题来了。我们所在的国家经常假装阶层不存在。社会学家保罗·布隆伯格曾在《弱肉强食的社会》一书中说过，阶层思想是"美国的禁忌思想"。[18]事实上，大部分人认为，承认阶层存在于我们的民主国家中这件事就是没有阶层的表现。（讽刺的是，那些公开且大言不惭地宣布"阶层当然存在"的人，是位于社会底层和社会顶层的人。）

有趣的是，不同阶层的人对阶层有不同的定义。问一个社会底层的人什么是阶层，他们会带着愁容说："是那些拥有一切的人，那些翻手为云、覆手为雨的权贵，那些生活在金钱与奢华沃土上的大亨。"简言之，他们认为阶层就是人拥有的资产。

如果去问那些处于中间阶层的人，这个词可能会吓得他们结结巴巴说不出话。他们会虚伪地拒绝承认民主社会中存在阶层，当然他们也丝毫没有意识到这一点，他们正表露出（声音很小，以免别人听到）自己认为金钱和阶层有关的意思，他们也怀疑教育和职业同样与阶层有关。

现在位于顶端的上流阶层和底层阶层都大言不惭地声称："阶层当然存在。"区别在于，上流阶层将阶层定义为价值观、品位、风格、行为方式和思想方式。他们承认这一点是很自然的，这让他们把金钱和教育也划入上流阶层，但这远非关键因素。

美国不像英国，没有世袭头衔、等级和荣誉这类约定俗成的系统。但坏处就是，我们关于阶层的概念几乎很难被定义，而且我们对此表现得很虚伪；好处则是，美国的阶层流动性比世界上任何国家都要高。

我深爱的故土美利坚在阶层议题上总是显得冠冕堂皇。我们的民主政府宣称人人生而平等，但在政府雇员方面却遵守着不平等的陈规陋习。处于最高等级十八级的高层官员，会对那些十四级一类的官员颐指气使，对那些秘书等五级官员、二级的邮局办事员、一级的邮递员，他们的态度则更为高傲。即使在高级别的官员之间也存在着等级关系：第十八级的联邦官员可以要求使用柚木书桌，低一级别的就只能用桃花心木桌，再低一级的只能用胡桃木桌。不幸的是，更低级别的官员只能用橡木的。你想上诉，没门儿。所以这是无可争辩的？没错，认命吧。

顺带一提，阶层或者社会等级严格意义上讲并非一个只属于成年人的观念。《人格与社会心理学杂志》揭示了一个奇怪的现象，只要两个或两个以上的孩子聚集在一起，就会出现这种现象。[19] 就像农场里的鸡一样，这些孩子们也会按照受欢迎程度形成一个等级秩序。如果你问那些处于第一等级的孩子："谁是最厉害的小孩,谁是垫底儿的小孩?"他们会像背字母表那样飞快地说出一连串长长的名单。

对于这种无阶层性的官方宣言,我保持尊重,但是为了让你们能够找到更高阶层的伴侣,我就直言不讳了。我不愿向政治正确低头,所以我就直接实话实说了。对于那些安乐富足的阶层,我们或许不认同他们的生活方式、传统习俗和文化品位,也许会觉得他们有些傻。但如果你想俘获一位贵族伴侣,那我愿意为你提供助力。

什么是"优雅的"

对大多数人来说,高级意味着财富、地位、智慧、正直甚至美丽的容颜。我们梦想中的伴侣是富有、高贵、美丽、聪慧且值得尊敬的,简而言之就是高级。如果你在一位高级伴侣身上还想寻求其他的品质,那你尽可以在这份品质名单上加入自己的偏好。

当你在寻找高级伴侣的时候,大部分人包括我自己都没有意识到一个微妙的问题,那就是我们是否配得上他们。

打个比方来说,如果你把一个柠檬切成两半来观察这个柠檬的质量如何,你检查柠檬皮、柠檬籽和肉质后,就差不多算是结束了。而如果是一位生物学家,他就会更有洞察力。他当然会先看看柠檬的果皮和柠檬汁水,但这只是开始。他还会用睿智犀利的眼光检查柠檬的心皮壁、胎座、囊泡、花梗、内果皮、外果皮和中果皮（其实我也不知道这些是什么）。如果柠檬的胎座不够紧实，那这个柠檬就要被丢弃在实验室的垃圾桶里了，可怜的柠檬，从来也不知道它已经被丢弃了。

不幸的是，我们也无法去夜校考取一张高级伴侣证书，据我所知，大学也不会提供品位方面的培训学位。我们必须通过磨炼，特别是要经历对自尊心的打击，才能够学到这一点。我会尽己所能传递我的经验，使你免去那些走弯路的痛苦，免受别人同情的微笑和扬起的眉毛，就像我曾经遭受的尴尬那样。

本书提到过，相似性是一个非常重要的决定因素。上流阶层的人会很快判定你是否属于他们的圈子——不仅通过你们的谈话内容，更通过你的谈话方式、发音、谈吐及语音语调。

Technique 技巧 27
承认阶层的存在

我有一位聪明而且总是直言不讳的朋友，当我表示自己对谈论哪些东西高级、哪些东西不高级感到不舒服的时候，她曾经告诉我："做真实的自己吧，莉尔。现在的你就像在写一本关于怎样成为连环杀手的书。每个人都知道，美国确实存在阶层，如果有人不知道，那他就是……"（接下来她使用的这个词确实不怎么高级，字面意义就是公牛的粪便。）为了俘获上流社会的伴侣，你首先得承认阶层存在。毕竟上流社会的人们都承认这一点。

优雅的人通常会观察你的餐桌礼仪。可能说出来没人相信，很多人甚至可能会通过你吃晚餐的时间、喝的鸡尾酒类型、爱吃的冰淇淋口味来判断你所处的阶层。他们还会通过你的居所中放电视的位置、浴室里的饰品等方面来判断你的阶层。

他们的判断因素还有很多很多，例如你的兴趣爱好、常看的杂志、前门的样式，甚至是厕纸的品牌。

当然，品位高级的伴侣对你的着装和发型也很敏感。但可能让你惊讶的是，穿着打扮并不是他们最看重的，时髦的发型也未必能吸引他们，最重要的是，你是否会在不经意间泄露一丝笨拙与胆怯，这将会打消他们成为你伴侣的念头。

阶层的气息

就像一位遗传基因专家能够通过观察一个人的脚指甲切片洞悉这个人的所有秘密一样，即使是微不足道的细节也有令人震惊的效果，上流人士可以通过这些判断你的阶层。而那些很显眼的事物并不会透露你的阶层，比如，一片精心修剪的草坪并不能使你看起来像是上流社会的人，一瓶昂贵的酒也不能证明你家境优渥。大部分人都会认为事实恰恰相反，除非你真的含着金汤匙出生。

当我还是乘务员的时候，曾经和一位非常迷人的男士肯约会过，肯符合我对王子的所有定义。我相信他很有智慧，充满创造力，而且很善良，我会永远感激他，因为他总是有着令人惊叹的深刻见解。但他的母亲也教会了我什么是阶层，什么是冷漠的阶层鸿沟。

活了几十年的我一直都很自信，认为我无论遇见谁，都能够符合他的标准。我成功地从害羞腼腆的少年时期进入充满处世智慧的青年时期，也学会了餐桌礼仪。如果我遇到一位潜在的伴侣，我会让他知道我遇到他有多开心。当然我很友善，衷心希望每个人都能"有开心的一天"。

在妈妈良好的训练和书架上的几本艾米·范德比尔特[*]的书的帮助下，我觉得我可以在任何人的桌子上吃饭而不会引起他人侧目。我还有一个相当不错的衣柜，里面装着昂贵的衣服，上面有设计师的名字以示证明。现在我来告诉大家我第一次和肯出去时的情形。

你能找到多少错误

先来做个有趣的小测验，测测你的品位有多高级，看一下你能发现多少问题暴露出我不属于他的阶层。我有23次当众出了洋相——至少现在我发现了23处。

当我第一次邀请肯来我家参观时，我知道他一定会对我的公寓印象深刻，因为我最近把它装修得非常漂亮。走近前门，你会看到两株对称摆放的盆栽植物。我的公寓号码"1711"用

---

[*] 编者注：艾米·范德比尔特（Amy Vanderbilt）是美国礼节方面的权威人士。1952年她出版了畅销书《礼节全书》。该书后来改名为《礼节》，已进行了更新，目前仍在发行。

优雅的草书字体写在门牌上。

我的公寓卧室里铺着覆盖整个地板的地毯，还有刚在地毯店买的崭新的东方地毯。客厅里新买的21英寸电视机让我特别骄傲（当时这台电视机算很大的）。书架上摆放着一系列令人印象深刻的"好书"，我把一本《国家地理》和《科学美国人》放在咖啡桌上，以显示自己包罗万象又不拘一格的品位。

我特别期待向肯展示我飞往世界各地时购买的酒杯，还有一些是从收藏家目录上买来的。

我希望他会使用浴室，因为新装修的浴室非常舒适优雅。除了绣有我名字首字母、两端缝着不规则金线的涤纶毛巾外，还有一个配套的马桶座套和弧形地毯。如果肯碰巧掀起马桶座圈，他还会看到一小片松木香味、绿松石色的消毒水。

肯星期六下午要来我的公寓，他来的时候我没问他想不想四处看看（连我都知道这是不礼貌的）。但是在他看完漂亮的客厅后，我决定找借口把肯引诱进厨房。我请他到厨房吃美味的意大利脆饼，然后开玩笑地告诉他，这是从飞机上顺来的。我的真实目的是让他看看我那干净的厨房，那里有所有的便利设施——洗碗机、微波炉和电磁炉，当然，所有这些都是我提前买的。我甚至让人用漂亮的米色胶木重新做了橱柜。我在餐桌中央放了一瓶可爱的菊花。

我们边吃飞机上"顺手牵羊"拿来的意大利脆饼边坐着喝茶，我微笑着问肯喜欢我的公寓吗，就在那一刻，我察觉到他那高贵的脸上流露出一丝厌恶的表情。他被饼干呛住了，说："呃，很有意思，莉尔。"（当我更明事理后回想过去，才感到那天晚上没有失去我的王子是多么幸运。)

在那一年里，我和这位高贵的艺术家变得非常亲密。他在艺术上赚不了多少钱，但那并不重要。虽然肯不是巨富，但是我爱他，于是我们订婚了。

那年十一月，肯邀请我去他母亲家吃感恩节晚餐。他告诉我不要"打扮"，所以我套上最喜欢的牛仔裤，用铁丝衣架拉上拉链，穿上我的老式可口可乐T恤，上面写着"就是够劲"。

他到之后看了我一眼，轻声建议我或许可以换套衣服。"为什么？"我惊讶地问，"你告诉我不要盛装打扮。"

看到我困惑的神情，他说："可以让我来吗？"他想看看我的衣服。他拿出几条缝得乱七八糟的旧灰色羊毛长裤、一件高领白色棉布衬衫和一件被虫蛀了的米色设得兰毛衣。我以为他想让我穿这些旧衣服是因为他父母很穷。他们住在新泽西州，我猜想一定是在拥挤的纽瓦克社区里的一所简陋房屋。

我们穿过熙熙攘攘的城市，开着肯的老普利茅斯到达新泽西州。慢慢地，景色变得更加绿意盎然，沿路都是田园风光。最后我们拐下了一条蜿蜒曲折的土路，似乎还要沿着这条路走好几英里。砾石路面非常颠簸，我想知道目的地会是什么样的棚屋。我们继续沿着土路行驶，经过几片用栅栏围起来的草地时，看见几匹美丽的纯种马正在吃草。

路上唯一经过的人是一位骑着马的女人，她戴着安全帽，穿着紧身短上衣和靴子。看到肯的旧车驶来时，她停下来，熟练地下马，牵着缰绳来到我们的车窗前。"肯，"她喊道，"好久不见了。见到你真高兴！"他和这位"马术朋友"寒暄了一会儿，然后向她介绍了我。"你好吗？"她说。

我不太知道该如何回答她的问题。"嗯，还不错，"我说，"你呢？"她笑了，在和肯闲聊了一会儿之后，她说了声"再见"，我告诉她很高兴见到她。她朝肯笑了笑，然后骑马走了。

我们途经一条名字非常英式的小巷，沿着小巷继续前进，逐渐掠过离公路很远的气派宅邸，然后拐进了一条曲折的米色砾石小巷。小巷尽头好像是个大庄园。这时我以为肯会穿过这片区域，越过这座庄园到达仆人住所，才能见到他的妈妈。

但并非如此，他径直驶入一条宽阔的圆形砾石车道，在离前门几码远的地方停了下来。哎呀！想到这可能是他父母的房子，我吓了一跳。我的下巴耷拉着，结结巴巴说不出话，只发出一声惊讶的尖叫，听起来像在问："你父母住在这里吗？"

那一刻他拉着我的手，带我穿过那扇门，接下来的经历会改变我的一生。

原来肯来自顶级上流社会家庭，人们会称呼他的家族为"贵族"。几十年来，他一直低调地向艺术家朋友隐瞒这一事实。我可能是第一个知道他高贵出身的朋友。

他的母亲优雅地走下一段长长的楼梯，热情地伸出手来问候我："你好吗？肯总是向我提起你。"我很高兴她加上了第二句话，这样我就不用再面对那个令人费解的问题了。

肯的母亲是一位引人注目的优雅女士，接下来几年她和我变得非常亲密。（这是一个悲剧，肯后来在一次小型飞机事故中身亡。这是我永远无法抚平的伤痛，但生活仍要继续。）事实上，我和肯的母亲今天仍然是朋友。这本书里我会和大家分享美国上流社会的生活方式,其中许多见解都要归功于我所认识的这位最棒的公主"妈咪"。

那几年我有幸站在社会阶层的顶端观察世界。我看到人们错误地称之为"富足安逸的生活",虽然肯没有选择这种生活,但我了解生活在那里的感觉。我现在一本正经地把这些发现传递给你们,特别是想俘获"高级"王子或公主的人。

家中绝对不能出现的物品

回顾我为之自豪的对中产阶层的探究,我现在明白了为什么上流社会人士会翻白眼。让我一字不差地摘录一下之前我对新装修的公寓扬扬自得的描述。不过这一次我要指出的是那23个错误,暴露出我不是公主,更像是无产阶层。

你还记得我写过:

> 不论何时我遇到某人,我都会让他们知道我见到他们很高兴(问题1)。

我的语言问题就是从这里开始的。我发现上流社会的人从不说"很高兴见到你"(就算他们说的话发音也更庄重),而是说"你好吗?"。现在,请明白这不是一个需要逻辑的问题。这仅仅是上流社会人士相遇时发出的舒缓的声音,在他们相遇的那一刻几乎是同时发出这句问候的。

当肯的上流社会邻居对我说"你好吗"的时候,我已经粗鲁地回答她了！我说："很好，你呢？"（难怪这引起了她紧张的笑声。）

所以当他们说"你好吗"的时候，你该怎么回答呢？上流社会人士会像鹦鹉一样毫无感觉地重复"你好吗"，但他们的结尾是句号，不是问号。

回复肯的那位贵族邻居时，我还火上浇油地添了一句：

"很高兴认识你（问题2）。"

大可不必，莉尔，简单的一句"再见"就好。不必说"再会"，也不用说"拜拜"，或者是装模作样地用意大利语说再见（发音类似"抽"）。上流社会人士只会说一句简单清晰的"再见"。即使是在谈话结束挂断电话时，他们也会突然说"再见"（甚至都不是"那再见了"），然后咔嗒一声，电话挂断了。

当然我很友善，衷心希望每个人都能"有开心的一天"（问题3）。

另外一个上流社会人士教会我的是，"开心的一天"这种思维绝对是中产阶层的，但现在这句话却非常流行，而且是出于好意。当某人祝你有开心的一天，我建议你只需回复"你也是"。（控制住出口讽刺的冲动，别说："谢谢你，不过我有其他计划了。"）

我在研讨会上教授的"对所有人微笑"的文化是典型的中产阶层思维，很明显这一点使我感到困扰。但不必在意，我会为自己辩护的。

我还有一个相当不错的衣柜，里面装着昂贵的衣服，上面有设计师的名字以示证明（问题4）。

省省吧。之后我会告诉大家俘获上流社会人士需要什么样的衣服做装备。

当我第一次邀请肯来我家参观时，我知道他一定会对我的公寓印象深刻，因为我最近把它装修得非常漂亮。走近前门，你会看到两株对称摆放的盆栽植物（问题5）。

大错特错！这就是使肯明白这不是公主宅邸的第一个标志。对称装饰是第一个要被剔除的。在前门两侧摆放两株盆栽植物太过整洁呆板，毫无创造力。来自上流社会的人一株盆栽也不会放在门口。如果他真的放了一株盆栽，那他也绝对不会在对称的位置放上另外一株。

实际上，上流社会的人会认为任何对称装饰都属于"汽车旅店主题风格"，比如窗帘拉到窗户的两边，或者是台灯摆放在靠墙的桌子正中央。这种对称装饰只会证明你是一个多么循规蹈矩的人。

另外一个错误就是我对花朵的选择（问题6）。你能相信吗？上流社会的人对植物的选择都有等级顺序，这可能有点儿过分了，但是对于那些喜欢研究花朵的细分种类或花卉的内涵的人来说，或许可以听听下面这些意见：

环顾你的公寓，如果你摆放着百合、朱顶红、铁线莲、猫爪花或者玫瑰，那你一定会得到上流社会人士的青睐。但玫瑰花绝对不能是大红色的，要不然他们对你的评价就会掉一两个等级。虽然红色是我最喜欢的颜色，但事实上任何大红色的装饰都是无产阶层风格的，我一向很爱红色郁金香，但这在上流社会并不受欢迎。另外一些无法彰显品位的花还包括：一品红、菊花、百日菊、剑兰、秋海棠、大丽花和矮牵牛花。

让那些不合时宜的花朵离你的房子越远越好。为了给上流社会留下深刻的印象，你可以搜罗花烛、东方百合、夏威夷海棠、哥斯达黎加夜来香、天堂鸟，或者其他世界各地的珍品（注意要"稀有昂贵"）。

我的公寓号码"1711"用优雅的草书字体写在门牌上（问题7）。

哦，亲爱的，这又是一个大问题呢。这有些过于花哨了，风格简洁的"1711"更符合上流社会人士的审美，真希望当时的我就已经习惯这一风格。

我的公寓卧室里铺着覆盖整个地板的地毯（问题8）……

这又是哪里出错了呢？这听起来还不错呀。起初我也是这么想的。首先，上流社会人士永远不会在自己的客厅里铺上覆盖整个地板的地毯。他们喜欢把他们优雅高贵的脚放在拼花地板、硬木或石头上。他们觉得"除非是头脑不清醒，否则谁会想盖住美丽的东西"。

刚在地毯店买的崭新的东方地毯（问题9）。

天呐！上流社会认为"崭新"和"东方地毯"这两个词是矛盾的。在他们昂贵的地板上，唯一允许覆盖的就是古老的东方地毯，而且地毯越破旧越好。为什么？古老意味着价值和"它在（贵族）家族已经存在很长时间了"。任何一个血管里流淌着贵族血液的人，都不会对我那块崭新的东方地毯多看一眼。

客厅里新买的21英寸电视机让我特别骄傲（当时这台电视机算很大的）（问题10）。

这次失态可能会让我的人生篇章写满耻辱。有一台大电视已经够糟糕的了，把它放在客厅里简直是不可原谅的。电视越显眼，你在潜在伴侣的眼中就越不高贵。事实上，社会名流家里没有电视，如果他们真有不为人说的秘密习惯，例如偶尔沉迷于某个节目，他们的电视也很小，摆在极不显眼的位置。

如果你是那些平时靠地铁出行的人中的一员，那就把电视藏起来，或者告诉你的王子或公主，这是一个展示股票市场或苏富比拍卖行的闭路显示屏。

书架上摆放着一系列令人印象深刻的"好书"（问题11），我把一本《国家地理》（问题12）和《科学美国人》（问题13）放在咖啡桌上，以显示自己包罗万象又不拘一格的品位。

可真不错，莉尔（嘿，还好我的桌子上并没有《国家询问报》）。然而，据著名阶层观察家斯图亚特·查宾说，我展览的两部出版物都是中产阶层的配备。事实上，他把流行期刊按阶层分类。这里我列出了部分有代表性的名单。

底层（从低到高）：
《国家询问报》之类的杂志
少女杂志（单身人士的《阁楼》和《花花公子》除外）
《大众机械》或任何与汽车有关的杂志
《时尚COSMO》《好管家》，还有几乎所有的女性杂志
除了高尔夫和网球以外所有的体育杂志

中产阶层（从低到高）：
《读者文摘》
《玛莎·斯图尔特的生活》
《国家地理》
高尔夫、网球或划船相关的出版物
《科学美国人》
《纽约客》

大多数旅游杂志，少数描述异国情调（昂贵）旅游胜地的除外

上层（从低到高）：
《大西洋月刊》
《纽约时报图书评论》
《城里城外》
《纽约书评》
《泰晤士报文学增刊（伦敦）》
《巴黎竞赛画报》
《哈德逊评论》

要想给一位高贵的王子留下深刻印象，就要用这些上流社会读的出版物装饰你的咖啡桌，要放在靠近顶端的地方。

> 我特别期待向肯展示我飞往世界各地时购买的酒杯，还有一些是从收藏家目录上买来的（问题14）。

显然，除非你的每件藏品都像秘鲁的翻车鱼或前哥伦布时期的面具一样是真正的艺术品，否则展示、收藏都非常尴尬。别问我为什么。或许，我的廉价酒杯收藏之所以显得可怜，是因为其中暗含着炫耀："哈哈，看看我去过哪些地方，你没去过吧。"

更可悲的是，其中有一些是我从邮购商品目录中买的。很

明显除了乡村或运动服装外，从收藏家目录中订购的任何东西都会立刻暴露你的中产身份。但至少不像收藏火柴盒或皇家道尔顿雕像、哈梅尔雕像或比阿特丽克丝·波特人物雕像那么糟糕。

在"很幸运我客厅里没有"这份清单上包括任何带有纹章的东西，比如带有家族纹章的东西、印着大学印章的针刺帆布，或是家族格子呢。任何微妙但肉眼可见的与"英格兰母亲"的联系，都可以透过你明显的伎俩显露出来，会立即拉低你的档次。

此外，特权阶层会避免在任何地方雕刻、压印或印刷名字或首字母。好吧，他们顶多把自己的名字写在书上，这样借书者就知道该归还给谁。但他们家中绝不会有写着"约翰·史密斯的书"的书签。

> 我希望他会使用浴室，因为新装修的浴室非常舒适优雅。除了绣有我名字首字母、两端缝着不规则金线的涤纶毛巾外（问题15），还有一个配套的马桶座套和弧形地毯（问题16）。如果肯碰巧掀起马桶座圈，他还会看到一小片松木香味、绿松石色的消毒水（问题17）。

我那干净整洁、装饰华丽的浴室可能偶尔会吸引上流社会伴侣的目光。但饰有金线的涤纶毛巾就是典型的无产阶层品位了，更何况上面还文着我的名字首字母供使用浴室的人欣赏（这一点早就被我唾弃了）。

上流社会人士装修浴室当然不是为了优雅，而是为了舒适。这些设施只是为了让人在方便的条件下尽快进出。这里当然很卫生（毕竟有"仆人"每天打扫），但浴室不是用来炫耀的。

事实上，用深色漆木制成的老式马桶座圈比纯白的盖子要高级得多（可千万别用假皮草）。也无须使用松木香味、绿松石色的消毒水来掩盖厕所的真实目的。（没错，上流社会人士直接使用"厕所"这个词，而不是像化妆室、休息室、茅房、便盆之类，也避免使用军队风格的"坑厕"或者礼貌的"男士休息室""女士休息室"这类的委婉语。）在他们的浴室里，你绝不会看到用来吸脚上水的小毯子或者卫生小圆垫，也不会有任何奢华但细枝末节的事物，更不会有假花、画作、杂志或者其他玩意儿。洁碧品牌系列就足够使用了。当然，任何浴室幽默都是无法接受的，特别是印在墙上的牌子或者厕纸上的小笑话，或者为了给如厕的男士提供娱乐，掀起马桶盖后看见的裸体女郎画像，这类东西不可能在上流社会的厕所看到。

简而言之，浴室不是上流社会人士展示身份的象征，而是具有严格的实用意义的。

> 我决定找借口把肯引诱进厨房。我请他到厨房吃美味的意大利脆饼，然后开玩笑地告诉他，这是从飞机上顺来的（问题18）。我的真实目的是让他看看我那干净的厨房，那里有所有的便利设施——洗碗机（问题19）、微波炉和电磁炉（问题20）……

我发现上流社会的家庭中缺少这些厨房设备,这个事实让我百思不得其解。直到有人向我解释,只有上流社会人士的仆人才能使用这些设备。上流社会家庭的厨房中不会有太多为了简便省力而设置的高科技设备,例如垃圾桶,厨房也是使用天然气而非电磁炉。

当然,所有这些都是我提前买的(问题21)。

大部分普通人都会提前买好这些东西,既然你已经这样做了,就不要告诉你的上流社会伴侣,因为他们的富足生活不需要这样做。

我甚至让人用漂亮的米色胶木重新做了橱柜(问题22)。

你又犯错了,莉尔。他们应当使用木质橱柜,任何高档的厨房里都不会出现胶木。

我在餐桌中央放了一瓶可爱的菊花(问题23)。

关于对称装饰和鲜花饰品的选择,此前已经提到过,而这两项我都失败了。

我们边吃飞机上"顺手牵羊"拿来的意大利脆饼边坐着喝茶。

我不用说哪里出错了吧？即使橱柜空空如也，上流社会人士也绝不会从饭店顺走一小包糖。

我微笑着问肯喜欢我的公寓吗，就在那一刻，我察觉到他那高贵的脸上流露出一丝厌恶的表情。他被饼干呛住了，说："呃，很有意思，莉尔。"

现在我明白了！

所以，你做得怎么样？你能理解这些吗？如果一时无法理解，也不要难过，大部分"普通人"都无法理解。但是，如果你真的想俘获一位上流社会伴侣，就必须研究这本书。

Technique 技巧28

让你的公寓彰显阶层品位，而非扩大阶层鸿沟

若你的装修杂志上印有以下图片，如现代化的厨房、覆盖地板的地毯、闪闪发光、一尘不染的浴室，对称摆放的鲜花装饰，请立刻丢掉这些杂志，以免你受到影响。藏起电视机，撤走藏品和大部分杂志，除非是外国杂志和文艺杂志，把所有印着名字首字母的东西都收起来。然后仔仔细细地检查一遍你的家，确认自己属于哪个阶层。

测测你的家有多"优雅"

以下量表可以精准测量客厅处于哪个阶层。[20] 请完成测试（但要确保尽量客观真实）。

从 100 分开始。在您的客厅（或朋友、熟人的客厅）按下表每一项进行加分或减分，然后根据最后所示的分数确定社会阶层。

硬木地板（实木）——加 4

拼花地板（实木）——加 8

大理石地板——加 4

层压地板——减 4

乙烯基地板——减 6

覆盖整个地板的地毯——加 2

毛毯——减 4

正在燃烧的壁炉——加 4

煤气壁炉——减 5

崭新的东方地毯——减 2（每个）

破旧的东方地毯——加 5（每个）

破旧的地毯——加 8（每个）

十英尺或更高的天花板——加 6

大教堂天花板（带不带天窗都可以）——减 5

国际知名画家的原作——加 8（每个）

国际公认艺术家的原始图纸、印刷品或石版印刷品——加 5（每个）

毕加索绘画、印刷品或其他作品的复制品——减 2（每个）

家庭成员的原创绘画、素描或版画——减 4（每个）

窗户上挂着窗帘，附有拉杆和拉绳——加 5

窗户上挂着窗帘，没有拉杆或拉绳——加 2

百叶窗，迷你型，塑料制品——减 2

百叶窗，迷你型，金属制品——减 1

百叶窗，迷你型，木制品——加 1

百叶窗，垂直的——减 3

木制百叶窗——减 2

金属百叶窗——减 4

正品蒂芙尼灯——加 3

复刻蒂芙尼灯——减 4

任何描绘牛仔的艺术品——减 3

任何家庭成员的专业油画肖像——减 3

任何收藏品的展示——减 4

家具上的透明塑料布——减 6

用金属线装饰的家具——减 3

灯罩上的玻璃纸——减 4

烟灰缸——减 4（每个）

冰箱、洗衣机、干衣机放在客厅里——减 6

摩托车放在客厅里（除非是市中心的阁楼）——减 10

摆放的期刊，平放：

　　《国家询问报》——减 6

　　《大众机械》或任何与车辆相关的期刊——减 5

　　《读者文摘》——减 3

《国家地理》《时代周刊》《新闻周刊》《生活》等——减 2

《史密森尼》——减 1

《科学美国人》——减 1

《城里城外》——加 2

《纽约书评》——加 5

《泰晤士报文学增刊（伦敦）》——加 5

《巴黎竞赛画报》——加 6

《哈德逊评论》——加 8

没有期刊——减 5

家庭照片（黑白）——减 2（每个）

家庭照片（彩色）——减 3（每个）

纯银相框的家庭照片——加 3（每个）

长着小型果实的盆栽柑橘树——加 8

盆栽棕榈树——加 5

鲜花——加 3

人造花（塑料）——减 5

人造花（丝绸）——减 3

保龄球架——减 6

鱼缸（淡水）——减 4

鱼缸（海水）——加 1

软垫家具，有流苏——减 4

常用皮革制品——减 3

含有古代或现代外语词汇的装饰物——加 7

大理石、玻璃等制成的桌面方尖碑——加 9

墙上的照片不到五张——减 5

超过 50 年的家具——加 2（每个）

装满书的书柜——加 5

地板、椅子等堆满了书——加 6

橱柜式书柜（"墙壁系统"）展示盘子、罐子、瓷雕像等，但没有书籍——减 4

带内置电视、立体音响等的壁挂式装置——减 4

电视、音响等——减 6

钢琴（三角钢琴或小三角钢琴）——加 4

钢琴（立式）——减 1

计算机——减 3

传真机——减 4

咖啡桌上摆放有趣或新奇的小物件——加 1

雕塑作品（原创，但并非户主或家庭成员制作）——加 4（每个）

雕塑作品（户主或家庭成员制作）——减 5（每个）

英国独有的物品——加 1（每个）

与图坦卡门有联系的物品，哪怕联系很微弱——减 4（每个）

镶框的证书、文凭或证明——减 2（每个）

层压框架证书、文凭或奖状——减 3（每个）

有龟甲纹路装饰的物品，但仅限于胶木材质——加 1（每个）

典雅休闲椅——减 2（每个）

躺椅——减 3（每个）

躺椅沙发——减 4（每个）

带有暗格的沙发——减 5（每个）

任何显示家庭成员姓名或首字母缩写的物品——减 4

任何可以看到弯曲嵌线装饰的地方——加 5

你的社会阶层得分：

245 分以上：上流阶层

185—245 分：中上流阶层

100—185 分：中产阶层

50—100 分：高等无产阶层

50 分以下：中下等无产阶层

我保证，低分并不意味着社会性死亡。低分只是提醒你，在邀请上流社会的潜在伴侣做客时要把部分东西藏起来。

高级汽车，不是你想的那样！

说完住所，再来说说汽车。凯迪拉克或劳斯莱斯不会给一个真正高贵的王子留下深刻印象，奔驰也不会。上流阶层会称之为"一种高度庸俗的标志，一辆比弗利山庄牙医所拥有的那种汽车"。[21] 顶级的上流阶层会拥有一辆乏味的、色彩平淡的旧奥兹莫比尔、别克，甚至一辆吉普车。这类车的潜台词是，他们的豪宅非常偏远，通往那里的蜿蜒道路都没有铺平。

汽车装饰？天呐！不要把婴儿鞋或泡沫骰子挂在后视镜上，也不要把圣克里斯托弗小雕像粘在仪表板上。别贴上自我夸耀的保险杠贴纸告诉每个人"我为小动物而停车",更不要吹嘘"车上有婴儿"。不要贴上贴纸命令其他驾驶人投票给共和党或民主党,或"如果你爱耶稣,请按喇叭"。

当你和上流社会人士来一场四人约会时,要准备好应对不寻常的座位安排。我第一次和肯与他父母出去吃饭时,他父亲开车。我们一起走向汽车。肯的父亲为妻子开门,令我吃惊的是,妈妈坐到了后座上。

我脱口而出:"哦,我不介意坐在后面。"当我确信一切都没问题时,他们三位贵族的脸上都露出会意的微笑。肯和母亲坐在后座上,他的父亲让我坐到他旁边的前排座位上。

Technique 技巧 29
不要选择庸俗华丽的汽车

几乎天下所有男人都想开一辆奢华的汽车,载着心爱的公主驰骋在公路上,让她神魂颠倒。这不可能!至少对于上流社会的公主来说这是不会发生的。她会对此嗤之以鼻:"太浮夸了。"关于你的汽车,混搭座位应该是唯一令人兴奋的事情了。

后来我发现特定阶层规定了汽车的座位安排。与另一对夫妇一起开车时:

- **底层阶层：** 男人坐在前排，妻子坐在后排。
- **中产阶层：** 一对夫妻坐在前排，另一对夫妻坐在后排。
- **上流阶层：** 混合搭配！一位女士和她的丈夫或朋友的约会对象坐在前排，另外两个异性坐在后排。有点儿古怪但很有趣，对吧？

参加晚餐聚会时也可以混合搭配。如果不同阶层的人坐在同一张桌子上，你不一定能坐在自己的伴侣身边。当然，前提是两个人有良好的社交礼仪，可以在交换座位后不感到尴尬（或者是可以无视身边的人）。毕竟你和上流社会伴侣已经相处了这么长时间，放个小假又何乐而不为呢？

说起家族的亲属关系，如果你厌倦了拜访亲戚，那大可不必担心。当你与上流社会伴侣结婚后，不必担心拜访亲戚的事情。实际上，上流社会人士通常会逃离亲属关系，更倾向和伴侣去异国他乡旅行。

跨越阶层的婚姻确实会产生问题。肯有一位舅舅名叫查德威克，也是一位贵族。他同样出身高贵，受人尊敬，富有创造力，当然也同样富有。同肯一样，他也从新泽西富有的土地中逃离，选择去过"真正的生活"。

查德威克选择了逃离，不仅仅是花上几个小时开车离开，而是乘坐几个小时飞机跨越这个国家。他定居在旧金山一个当时颇具嬉皮士风格的街区，名叫海特-阿什伯里。当时他在和一位美丽又放荡不羁的女雕塑家桑德拉交往，这位女士出生时嘴里就含着大麻烟卷，而非金汤匙。

查德威克从来没有体验过毒品文化，他以为"被石头击中"（指在酒精或毒品作用下晕晕乎乎、飘飘然的感觉）就是有人向你扔石头的意思；来一场"幻游"就是周末的一场短途旅行；"被装进罐子里"（指喝醉或吸食大麻）是用来形容植物的；"藏匿处"（指藏毒品的地方）是小孩子的存钱罐；"草"（指大麻）就是仆人修剪的植物。

他确实曾经短暂地享受过和桑德拉交往的日子，以及与那些总是飘飘欲仙的朋友们在一起生活的那种刺激。他去了早期杰斐逊飞机和感恩而死乐队的演唱会；在肯·凯西的森林之家里喝加了迷幻药的酷爱饮料。他参加了几十个"分享恩典""成为恩典"和"爱恩典"的活动。他和桑德拉加入了朋友们组成的"爱的圈子"，一起放风筝，扔飞盘和鲜花，在对方背上画画，在你能想象到的所有身体部位穿孔。他嘲笑《旧金山纪事报》对"沉迷毒品的怪胎"的夸张描述，在一辆时速70英里的卡车前猛然跳水，和参加"爱恩典"的嬉皮士躺在田野里盯着太阳，直到永远失明。

然而很快这个令人激动的梦就变成了一个噩梦。他的朋友们会向他描述进入极乐迷幻境界后的感觉，在那些令人后背发凉的故事里，他们成了乌鸦、耶稣基督或者只有6英尺高的小人。

"我不相信他们，"查德威克告诉我，"直到有一次我也进入了幻境，我嗑了很多药。一个朋友又拿出了一些海洛因，就在那个盒子里，我看见一个涂着红色丙烯酸颜料、长着长指甲的手指伸出来指着我。我听见盒子里一个女人的声音说：'我想要你,跟我来。'"

就是这样!当他从神志不清的狂乱状态中恢复过来后,他和桑德拉意识到毒品的危险,以及现在这种生活方式的危害,他们望着彼此问道:"那些花儿都去哪儿了?"

查德威克深爱着桑德拉,于是他带桑德拉回到了新泽西。当桑德拉到达他父母那座田园牧歌风格的豪华宅邸时,想必同我第一次看见肯的落脚处时一样目瞪口呆。他们结婚了,还生了两个漂亮的女儿。

桑德拉后来拥有一名厨师、一名园丁和一位管家,所以她的生活很清闲。因为不断支持和参与新泽西的文化生活,查德威克变成了艺术界颇有影响力的人物,这一切听起来都很完美,但是对于桑德拉来说却并不是这样。回想起来,对她来说,海特-阿什伯里的生活和她的新生活相比一文不值。但当她开始了富足的生活,真正的悲剧才刚刚开始。

由于身份特殊,查德威克经常需要同社会名流应酬。但是当查德威克举办鸡尾酒会或者晚宴时,桑德拉总是找借口离开。查德威克的同事和邻居们都知道,桑德拉并没有什么事可做,因此他们很疑惑,为什么桑德拉总是不在场。查德威克和桑德拉从不一起应邀参加晚宴,也很少一同出游。有谣言称桑德拉不太正常。

几年后在一个大雪纷飞的夜晚,我受邀参加查德威克母亲的八十岁生日宴,宴会在曼哈顿的艺术俱乐部举办。席间我需要离开一下,于是我在洗手间门外等了很久。之后我以为里面肯定没人,就轻轻地敲了敲门。一位穿着皮毛大衣、满眼泪痕的中年女性推开洗手间的门,她想要越过我,但是我觉得我认识她。

"桑德拉?"她猛地转过头,脸上写满了惊恐。"你还好吗?"我问,她一言不发。我轻轻碰了碰她的肘部告诉她,我是肯的女朋友。不知为何,这句话似乎成功破冰。她说她必须和我谈谈,于是我们约了下一周的午餐。她走到艺术俱乐部的后门,慢慢在雪地里踱步。我回到桌前惊讶得说不出话来。

下一周,我们在市中心的饭店见面。桑德拉身披华贵奢侈的衣服,却掩盖不住憔悴伤感的面容。原来她选择和我在午餐时见面的目的就是想告诉我,我还能够逃离这种"令人发指的浮华做作的生活"是多么幸运,我很可能会卷入其中而无法脱身。她的话我听进去了。然而,我也听出了她的言外之意。

Technique 技巧 30

仔细观察自己的心愿!

在穿上你的百分百纯羊毛长裤和设得兰毛衣去寻找贵族之前,我要提醒你一句,请先自我反省,问自己一些问题,比如:

1. 我真的更喜欢听普契尼而不是吹牛老爹吗?
2. 我知道(或关心)莫德里安或雷诺阿是谁吗?
3. 我真的想在一个没有人会说英语的小镇上游览葡萄园吗?
4. 我真的想遵守富人生活中所有的潜规则吗?

她说这么多年来感觉自己格格不入,像是离开了水的鱼儿,她讨厌这种生活的每一分钟。她害怕面对那些抨击她的"时髦高雅"的邻居,结果就是她拒绝同他们社交。

"我甚至讨厌在接女儿放学时遇见他们。"她说。

"你和查德威克讲过你的感受吗?"我问。

她告诉过查德威克,但查德威克请求桑德拉让自己的母亲"多了解她一些"。桑德拉说:"我知道他是什么意思,'让我的母亲来教你该怎么为人处世'。我可不想让某些有钱的婊子来告诉我什么该做什么不该做。"

那一刻我突然明白了一切。这种上流社会的生活方式把可怜的桑德拉吓坏了,她没有学习如何去适应,而是全盘否定和排斥。她就像一个惊恐的鸟儿被困在镀金的笼子里。

我无意批判桑德拉的选择,只是呈现她的感受。警告各位,如果你并不想适应上流社会的生活方式,请跳到下一章,因为接下来我会更多讲到如何进入贵族的生活圈。

选对休闲娱乐事半功倍

如果你真的决定嫁给一个上流社会的伴侣,你会被剥夺玩某些球类运动的权利。放松点儿,先生们,我是说你们得扔掉保龄球、足球、篮球、排球和棒球。不过,你可以继续另外一些球类运动。网球、壁球和高尔夫球都很好。想想看,球越小,级别就越高。我举这个例子无意用解剖学做类比。

社会学家推测过，为什么保龄球是在地下室的贵族体育运动。保罗·福塞尔在他那可笑的阶层分析中势利地写道：无产阶层喜欢保龄球，是因为他们能得到一个"用机器在一个口袋上面绣着自己名字的漂亮的制服衬衫。玩保龄球另一个吸引人的地方是不必脱光衣服，还可以得体地掩盖住自己那无产者的脂肪组织"。[22]不仅如此，还有一项巨大的福利，参赛者可以在投球时吸烟喝酒。

继续分析的话，骑马也算高级娱乐；双向飞碟射击也算；在偏远地区滑雪也算；游艇也位列其中；最重要的是帆船，尤其是在参加比赛的时候。游艇被认为是高级娱乐（假设是至少有35英尺长的游艇），但出于某些原因，游艇远远不及帆船。只需转动点火钥匙和方向盘就可以启动并驾驶游艇，而在驾驶帆船航海时，你必须非常"游刃有余"才行。

Technique 技巧 31
按照他们的规则参加游戏

去参加小球和大船类运动吧。也可以通过花费高低来判断一项运动所代表的社会阶层。高级的运动需要大量昂贵的设备、奢华的配置，或者两者兼而有之。比如高尔夫，球虽小，但球场必须不断浇水和修剪，正是那些祈求入场的人在维持着球场的运转。

帆船甚至也有等级制度（就像一切高级的东西一样）。木质船体是最高级的，玻璃纤维则处于底端。这是可以理解的，因为木材是一种天然纤维，而玻璃纤维不是。而且，木质船体的修理比玻璃纤维要贵得多。当然，可居住的游艇处于最底层。上层社会人士可能会认为，住在这样一个可移动住所的人就像漂浮的"拖车垃圾"一样。

综上所述，想要寻找上流阶层的人不应该靠近保龄球馆。在游艇码头和帆船俱乐部潜伏可能会更好。

说到船，每年都有成千上万追求爱情的年轻女性登上游轮寻找王子。不幸的是，她们最好的结局就是沦落到英俊服务员的小屋里。王子从不乘坐游轮，他们也不参加团体旅游。当然，除非是博物馆或常春藤盟校主办的艺术之旅。先生们，你们在度假胜地也找不到公主，你会找到一些在那里做暑期工的漂亮年轻女性，但不会找到真正的贵族公主——甚至连暴发户公主也没有。

游轮、度假村、假期旅游套餐——任何宣传"奢华"或"美食"的东西，对上流社会伴侣来说都是死亡之吻。他们更喜欢在科德角这样的地方"避暑"，或者去异国情调的遥远地方旅行，而这些地方几乎是找不到的。

上流人士的穿衣指南

在与贵族和富人搭讪时，你可能会想"我没有衣服穿"。但实际上在你衣橱底部的樟脑球下面就有你要穿的衣服。许多年后，我明白了为什么肯为了让我见他母亲，把我的旧羊毛长裤、棉布衬衫和被虫蛀的设得兰毛衣从衣橱里拿出来。你看，羊毛和棉花都是天然面料，它们曾经是动植物身上活生生的一部分。

即使你的衬衫里有一小部分聚酯纤维、涤纶或尼龙材质，也可能会让上流社会人士望而却步。为什么？涤纶和它的同类产品如聚酯纤维、尼龙等是如此地整齐划一，当然也更便宜。没有一条会像我的旧羊毛裤子那样，发芽似的冒出许多杂乱的线头。在涤纶里也找不到一点儿新鲜的羊粪的味道，不像我的设得兰毛衣。

贵族一直钟爱自然纤维。举例来说，卡罗琳·肯尼迪在哈佛的四年里，有记载称，没有任何一种非天然纤维接触过她的身体。（显然，这份报告里还包含内衣，所以发布报告的肯定是她的室友、男友或其他密友。）

当然，为了俘获上流阶层伴侣，有时不得不违反规则。不幸的是，百分之百的棉布内裤非常不性感。据我所知，吊袜带（所有阶层男性的最爱）没有纯棉材质的。

关于奢华织物我还想说，不要挑选鲜艳的颜色！事实上，你的衣服颜色越淡越好。不要光滑和富有光泽的面料，更要杜绝闪光材质（这就将现代音乐界人士 90% 的衣柜排除在外了）。女士们，不要理会《性感手册》中《闪闪惹人爱》那一章。忘记那些强调曲线的穿衣风格言论。不要冒着生命危险穿着高得令人咋舌的系带凉鞋摇摇晃晃地走路。它们很时髦吗？确实如此。它们有趣吗？还算有趣。但是这有利于找到王子吗？绝不会！你最好穿着棕色的勃肯鞋去见约会对象的家人。

"噢,这些上流社会的人穿得多乏味啊!"你一定在自言自语。可悲的是,事实确实如此。王子或公主不会向碰巧瞥了他们一眼的土气农民展示性感。

别担心,姐妹们,你仍然可以当"性感尤物",你可以在床上秘密地性感,捉摸不定,女人味十足,任性娇纵,多愁善感又充满活力。

同样,先生们也无须担心,不必放弃原始的阳刚之气。事实上,每个女人都想要一个对她有着夜以继日的强烈欲望的男人。高贵的公主对此只是秘而不宣。好吧,也许她会兴高采烈地向最好的朋友低声诉说你的厉害——这位朋友的贵族血统会因嫉妒而燃烧起来。

就目前而言,可以考虑毛茸茸的、有质感的、块状印花的衣服,如果天气允许的话,绝对要选有层次感的着装。先生们,如果穿着花呢夹克和设得兰圆领套头衫在派对的门口漫步,你一定会被邀请进去。如果只露出一点儿牛津布衬衣,戴着长长的羊毛围巾,就一定会吸引房间里所有高贵女士的目光。在佛罗里达州和南加州这样穿确实是一个挑战。尽管如此,寻找上流社会猎物时,可以穿得尽量接近美国东北部的休闲风格。

破旧衣服的"软实力"

现在有人可能会认为,穿着整洁干净也会引起上流社会人士的兴趣。错了!这可能说明你所处的社会环境并不安全,你需要证明你能负担得起最新的衣服和无穷的干洗费用。上流社会人士经常特意穿旧衣服，有时似乎是为了证明自己可以打破常规、不拘一格。

我一直很欣赏一尘不染、整齐体面的装扮。我曾经和一个想攀高枝的人约会，进餐时如果有一小滴油掉在他的裤子上，他会用尽所有的去污剂。这一滴油可能肉眼看不见，但是他会立刻用清洁剂洗这条裤子。而那些非常富有的人可能会尽量避免标榜自己，他们会问："他想给谁留下一个好印象呢？"

俘获贵族的最佳着装

先生们，如果你想在一场聚会上寻找高级伴侣，在登场之前，若发现自己的大衣不是浅褐色，而是海军蓝、橄榄绿，或其他任何颜色，请立刻脱掉。如果它是黑色的，把它卷成球藏在走廊里。实际上如果你足够幸运，在你离场时有一位高雅的女士倚靠在你的臂弯，请把你那件黑色的大衣留在角落里，等着清洁人员来收。清洁人员可能会发现，衣橱里正缺一件这样的大衣。如果你实在不知道该穿什么类型的大衣，布鲁克斯兄弟或者巴宝莉的销售人员会很乐意帮你挑选一件拿得出手的昂贵浅褐色大衣。

女士们，对于非动物权利保护者来说，皮毛是可以接受的。对于年轻人来说，特别是那些具有强烈社会责任感的潜在优质伴侣来说，米色驼绒大衣是一个不错的选择。布鲁克斯兄弟或者巴宝莉的销售人员也会帮助你的。

> **Technique 技巧 32**
>
> **穿着打扮尽量平淡保守**
>
> 百分百纯棉可以。百分百羊毛可以。百分百丝绸可以。皮毛皮革或是任何纯天然生物材质都可以。在贵族的世界里，衣服上的涤纶线头越多，地位越低。高雅的装扮就意味着拒绝人造材质，拒绝亮片，也要拒绝一尘不染或者花里胡哨。

高雅装扮的一个最关键要素就是恰到好处。女士们，这就意味着不要选择腰部太宽松的裙子或者臀部包得太紧的裙子。（抱歉，性感尤物们。）先生们，这也意味着你的后颈和夹克领子之间不能有太大的空隙。

对于休闲服装，无论男女都可以使用克里斯·克拉夫特邮购目录作为风格参考。带有拉绳的防风夹克，平底便鞋（当然是用来防止帆船甲板打滑的），不要穿袜子。任何带有浮标、龙虾、信号旗的衣服，或者是任何营造出"我刚刚踏上我的游艇"感觉的着装就足够了。

泳装方面尽量向质朴、平淡、保守方向靠拢。对于男士来说，在沙滩上应穿四角内裤。对于女士来说，带有小裙子的连体式泳衣即可。

女士们，不用我多说了吧，赶快扔掉紧身裤。如果是紫色或者带有印花亮片的材质，干脆直接烧了吧。抱歉，也不要穿皮裙。上流社会人士只会在六种日常用品上接受皮革材质，鞋履、腰带、手提包、手套、相机套和遛狗绳。但这些用品通常不引人注意，除非你和他们谈恋爱，才有可能发现这些皮革制品。

当然钱包也可以用皮革制品。但是不要塞满信用卡、照片或者票根之类的纪念，也别总是装着百元大钞，看起来像个黑手党似的。钱包越小，品位就越高雅。

对于高雅的王子或公主来说，商业服装选择就是套装。参加鸡尾酒会时穿着套装也非常合适。实际上，杰奎琳·肯尼迪从出版社下班后会直接穿着套装奔赴社交晚会。套装可以尽量平实朴素，不要有花里胡哨的扣子，西装短外套也不用系上腰带，无须其他装饰，简简单单即可。西装内部小小的设计师标签就足以彰显品位了。女士们，当穿着平时的西装时，可以搭配时髦一些的衬衫，当然只能是丝绸、蕾丝或者羊毛材质。

那么珠宝呢？先生们，除了手表什么都不要戴。女士们可以选择黄金或者真正的钻石，但千万不要戴得太多。

想要寻找上流社会伴侣的人，现在可以聊聊手表了。你的手表得分和手表具有的功能并不直接相关。假设你现在拥有10分，请根据以下特征进行扣分：

数码手表——减8

有巴黎、伦敦、罗马或吉隆坡的时间——减5

显示一年中过去的天数——减4

有秒针——减1（休闲阶层不需要争分夺秒赶时间）

无论男士还是女士，经典手表可以选择卡地亚坦克系列搭配黑蜥蜴皮表带。在结束手腕佩戴品这个话题之前，我想说男士可能会认为袖扣很高雅，其实真正的上流社会阶层会认为袖扣有些过于浮夸。

顺着身体往下，我们来谈谈其他部位。口袋里绝对不能装着笔套，这只会显示出你经常要记下上司的命令。最重要的是腰带上不能挂东西，包括手机、墨镜和钥匙等。

现在再回到身体上半部分。我想解决这个永恒的难题——究竟要不要打领带。不打领带意味着"超凡脱俗"或者"不需要讨好任何人"。然而在如今这个商业社会，出席正式场合不打领带，几乎等同于只穿着内裤出现。使用领带的指导原则就是，不要有任何自我夸耀或凸显自我的元素。例如领带上不能印着小小的游艇或者信号旗，仿佛在炫耀"我有游艇，我最有钱"；不要印着飞禽，仿佛在吹嘘"我爱运动，我最时尚"；也不要印着天平，仿佛在显示"我是律师，我最专业"；更不要有小海豚印花，仿佛在告诉全世界"我爱自然，我是好人"。

最为人所接受的经典领带就是暗色背景印有白点的款式。（别担心，这不是在说我"满脸粉刺"。）这款领带没有任何时尚宣言，证明你无须寻找身份认同。

俘获高质量伴侣时，穿着要尽量随意

首先抛掉印有文字的衣服，哪怕是设计师的名字也不行，不管这个名字是以首字母的形式印得多么高雅，多么不显眼，只要人们能看清这些文字，这件衣服就算不得有品位。

你可能还记得我之前提到过，那件我很钟爱也很舒服的可口可乐 T 恤，上面写着"就是够劲"，我爱极了那件红色 T 恤，而且已经穿了很长时间，那件 T 恤胸前用可爱的白色草体字印着可口可乐的图案。

当我明白这件 T 恤会惹人厌时，请想象一下我有多绝望吧。在上流社会人士的衣橱里，绝对找不到一件印有文字的衣服，包括印有文字的帽子和所有的流行 T 恤。有些 T 恤不能穿，真的很可惜。但是大部分这样的衣服仿佛都在大摇大摆地宣示畸形的幽默感和生活态度，仿佛在证明你有各种坏习惯、自尊心脆弱或者有某些性变态癖好。

我明白为什么那些 T 恤会让一个潜在优质伴侣拒绝你，但我曾经认为自己有些 T 恤相当酷。当我为杂志写作的时候，我喜欢穿印有杂志名的 T 恤，如《红皮书》《时尚》，甚至《阁楼》的 T 恤。当我穿着巴诺书店或纽约芭蕾舞团的 T 恤在附近玩的时候，我感觉自己真的很高档。我猜想，身穿印着贝多芬名字的衬衫能让任何一个路过的王子相信我是古典音乐鉴赏家。

可悲的是，在了解了上流社会人士的生活方式之后，我意识到，这些胸前印有文字的 T 恤显然会使人误解，我试图展示自己的阅读能力、文化修养或柔韧敏捷的身体，但完全搞错了方向。

让你瞬间"死亡"的时尚品位

现在我们可以来谈论一下在俘获高级伴侣的时候,哪些属于让你瞬间"死亡"的时尚品位。不幸的是,对于某些男人来说,可以预见他们宁可出门时不穿裤子,也不会忘了那无所不在的棒球帽。帽子上还大肆宣扬自己最爱的球队或者最爱喝的啤酒。更糟糕的是,不管你的脸有多么英俊帅气,只要你反戴棒球帽,把可调节的带子放在前面,就会让高雅的女士对你嗤之以鼻。

我曾和一位女性朋友在体育酒吧吃午餐,一个反戴棒球帽的男人手拿啤酒,踉踉跄跄地朝我们的桌子走来。朋友完全无视他,并且翻了一个白眼。我问了朋友一个问题,这个问题困扰了我许多年:"他为什么要反戴棒球帽呢?"

她回答道(似乎这解释就像糖碗里的老鼠屎那样显而易见、索然无味):"这是为了遮住他的红脖子(指农民)。"对于公主来说,红脖子显然不属于心仪对象的范围。

棒球帽确实会让你出师不利,另一个证据就是,当你在邮购商品目录上选择要买的帽子时,在其中寻找棒球帽是徒劳之举。即使是中上流阶层的 L.L.Bean 邮购目录也会和棒球帽划清界限。这份目录包括各式各样的帽子,比如草帽、渔夫帽、登山帽、户外戴的毛皮帽子、羊毛斗帽和苏维斯特防水帽,但是绝对找不到棒球帽。如果你想给一位出身高贵的潜在优质伴侣留下深刻的印象,那就应该立刻烧掉你的棒球帽。

关于其他部位的装扮,请尽量避免自我炫耀。例如不要戴印有大学校名的戒指、带有大学印章的镀金纽扣和美国大学生优秀生全国性荣誉组织的钥匙，这些对一位潜在优质伴侣来说，都是在表明你需要证明自己的身份。

但是也不要去橱柜里在一堆已经抛弃的衣服里面翻找，我过去也打算这么做。记住，如果你想俘获优秀的潜在伴侣，就要坚持选择这些看起来有点自命不凡的衣服。我想悄悄告诉你，《大西洋月刊》T恤或者《纽约书评》夹克都会让我眼前一亮，但是千万不要告诉别人。

对于上流社会人士来说加分的发型与帽子

很显然，朋克莫霍克发型、鼠尾辫、接长头发、脏辫（除非你声名显赫，又富可敌国）、小男士头（一种古灵精怪的发型）、刺头、运动短发、锅盖头、贵宾犬似的卷发或者鸭尾头，以及任何不属于自然发色的颜色，都不属于高级发型，是不能被接受的。但是那种规规矩矩的，似乎每一缕都被精心打理过，然后喷上发胶固定的发型也是行不通的。

实际上，女士们在选择发型时有更大的余地，如果你选择短发，就要不惜代价修剪一个好发型，不必去那些奢华昂贵的理发店，但一定要确保自己的发型看起来像是花了很多钱的样子，千万不要喷太多发胶。

如果你在发型方面不愿意花力气，也不用担心。大多数上流阶层的男性青睐女孩留中长度的柔软的头发，或者是扎起马尾。如果你保留着几年前的发型，可能是一个更加正确的时尚选择。

（除非你在几年前就非常先锋，留了一头五颜六色的朋克发型。）回顾一下高中时代或者大学的年鉴图片就知道了。许多上层社会的女士一辈子留着同一款发型，从寄宿学校时起就没变过。

先生们，哪种发型最受女士欢迎？百分之九十九的女士都会喜欢专业又整洁干练的发型，而不喜欢过度烫染定型或者喷太多发胶。整齐干练的发型似乎说明，你不会自视甚高，也不是个小气的人，更不会受到某些群体的影响。这仅仅表明"我很成功，而且愿意修饰自己"。

无论处在哪个年龄段，都应该去找技艺精湛的传统造型师，这样的造型师明白什么发型最适合你的脸型。先生们，不要试图掩饰头上的任何斑点，你的头发本来就不多。最重要的是，不要留长发，刮风的时候她一眼就能看见你的秃顶，这简直太丢人了。配得上公主的男士无须证明自己的富有和名望，也无须证明自己头发并不稀疏。

最准确的等级指示器：表达方式

无论你如何穿着打扮、留何种发型、如何装饰家居，只要一开口，阶层就会暴露出来。

早在17世纪，本·琼生就留下了流传已久的智慧。他说："语言最能表现一个人。例如，或见汝。"高雅的人对你的词语选择的发音方式往往异常敏感。不幸的是，即使是不小心发错一个音，都有可能毁掉你和上流社会人士的一段关系，而你可能永远也不知道原因。

假如你在单身派对上遇见一位非常有吸引力的男士或者女士，他们在谈话的时候有时会说："他（宾格）和我不可能。"你对他的兴趣可能会立刻消失。在他说完这句话之前，可能你已经推断出，这位讲话者的教育水平比你要低几个等级。

同样，在遇见某人后，只需7秒钟就能判断出对方会不会是你的潜在终身伴侣。受过教育的人会非常敏感，很容易发现微妙的错误。对于那些不易察觉之物，他们很敏感，即便对大多数人来说没发现什么问题。

用错代词可能会使你远离上流社会人士。如果你用了宾格而非主格做主语，就会立刻被淘汰出局。同样在宾语的位置也一定要用宾格。

上流社会人士最容不下的语病还包括："我几乎不做不到……"，或者忘记第三人称单数，用错副词。

即使再微小的语病，也逃不过他们的耳朵。"他在哪里着？"是一个可怕的语法错误，这不会表明你低人一等，但会立刻让上流社会人士把你淘汰出局。语法能体现出阶层之间的分隔。

现在有个麻烦事儿，即使语法无懈可击，用词不当也有可能使你前功尽弃。你相信吗？即使是对大部分人来说没有任何问题的句子，例如"他们非常富裕，有一个很棒的家"，这可能与上流社会人士的期待不符。

为什么呢？因为用富裕代替有钱，会被上流社会人士认为只不过是中产阶层的自命不凡罢了。上流社会人士倾向于回避这样的词，例如富有或富裕，他们会说"有钱"（他们确实有钱），无须过多华丽的辞藻修饰。

更进一步来说，为什么不直接说家呢？因为这个词已经被房地产界用得过度商业化了。有钱人并不住在家里，他们住在房子里。你敢相信吗？如果把厕所称作小男孩的房间或者小女孩的房间，可能就意味着你要和上流社会人士说再见了。其实大可以直呼其名，就是厕所而已。

阶层观察家保罗·福塞尔警告称，中产阶层垃圾词汇包括：个人、购买、干洗、目前、进行、请求、稍后、终止、使用、鸡尾酒、教养所、先前、歌唱家、逝去、赏钱。

这些词有什么问题？重申一遍：这些词听起来矫揉造作、自命不凡。上流社会人士会使用：人们、买、洗衣服、去、晚点、结束、饮料、监狱、以前、歌手、死去、小费。上流社会人士需要向任何人证明自己吗？他们有必要这样做吗？

越往下事情可能更糟，上流社会人士会说"她怀孕了"，中产阶层会说"她有孕在身"，底层人士可能会说"她要有个家了"。尽量选择最简单的音节，越少越好，但是不要发错音。上流社会人士听见你说"四实"而不是"事实"，或者"烤流排"而非"烤牛排"，这些常见的词汇，会让他们立刻判定你属于无产阶层。

现在来讨论一下音量的问题，在饭店或者其他公共场合，你绝不会听到邻桌的上流社会人士在聊天。比起底层人士，他们说话更加轻声细语。底层人士通常加大嗓门嚷嚷，同时也把收音机的音量调得很高。上流社会人士总是保持低调，尽量不惹人注意。

这类语法错误和用词不当讨论下去可能是无穷无尽的。那到底该如何解决呢？回到"地点法则"。尽量住在高档社区，然后你就会浸染上上流社会人士的说话方式。

搬家不方便？那就把收音机调到上流社会人士的频道。收音机比电视剧要好。这样你就会认真听，而不会受到视线的打扰了。

Technique 技巧 33
倾听上流社会的美妙之声

请旋转收音机的调节旋钮，不要收听迷幻摇滚、重金属、乡村音乐、灵性音乐、流行音乐、说唱、怀旧金曲，也不要收听新闻电台。请坚持收听当地的古典音乐频道，然后静静享受即可。大部分古典音乐频道都有受过良好教育的主播，每天收听半小时，就可以受到贵族血统的熏陶，跻身上流社会。

上流社会人士的禁忌几乎可以写一本百科全书。对于没有接受正规教育的人来说，有些传统听起来似乎是很高雅，但实际上却传递出一种潜在信息，会被上流社会潜在伴侣认为有些居高临下。

举个例子，在一年一度的圣诞节和光明节，给亲属和朋友寄信叙述去年的个人事迹，这种传统大可抛弃。上流社会人士至多会认为你是在夸耀最近的功绩，这同样也说明，你在试图证明某些东西。

几乎全美国的人都在鄙视"拿捏人际分寸"这种说法，但是上流社会人士却不这么看。不打招呼就登门拜访，绝对是越界的行为。即使是住在同一个郊区的家人也不喜欢这样。

还有很多类似的行为。也许现在你就能更清晰地理解"地点法则"了。流淌在贵族血液里的处事准则和许多微妙之处，是不可能完全穷尽的。但是通过和他们住在同一个街区可以潜移默化地受其熏陶。

外表有多重要

答案是，容貌对于上流社会人士来说，和对那些渴望获得爱的人一样重要。这就意味着容貌的作用确实不可小觑，甚至比想象中的要大得多。王子和平民都青睐富有吸引力的女士。同样的，不管对于公主还是妓女来说，男人的外表同样重要。

但是问题来了。上流社会人士和底层人士对于容貌的看法不尽相同。一项名为"女性对于男性体格的偏爱"的调查揭示出了女性最爱的男性身体特征，包括脚趾的长度和其他重要身体部位的长度。[23]

这儿有一个底线。先生们，如果你身材高大修长，长了一张善解人意而又充满学识的脸，在追求上流社会的女士时就会更有优势。她会更偏爱颀长的身材，而非浑身是肌肉的壮汉。

相反，这项研究表明处于社会底端的女性，包括经常从事体力活的女性，会更喜欢健壮又结实性感的男性。上层社会的女士通常倾心于脖子修长的男性，因为这被认为是贵族的特征。

无论男士还是女士，只要身材苗条，都会更受上流社会人士的欢迎。不知何故，贵族和"肥胖"两个字几乎是水火不相容的。如果你身材肥胖，在上流社会人士的潜意识中，代表着你经常吃快餐、喝啤酒或者暴饮暴食。他们推测你爱看麦当劳的电视广告，通常早餐时要吃上一两个烟肉蛋麦满分。

近一个世纪以前，发福意味着成功。现在不是这样了，很明显，上流社会人士不缺吃的。而苗条的身材预示着，你在最重要的减肥运动中是成功的，能够远离餐桌的诱惑。实际上，在中下流阶层中，患有肥胖症的概率要比上流社会人士高四倍。英国作家乔纳森·罗班发现，美国的社会风俗很有意思，其实他的做法有些冒犯，在明尼苏达州博览会上他进行了一项测量实验，计算出路过的中产阶层人士的腰围，而这些人正在享用热狗和甜玉米。他对这些毫无戒备的肥胖人士进行了无情的嘲讽。

罗班先生写道："这些圈养物种……是日耳曼和斯堪的纳维亚半岛饥饿移民的后裔。经过一代又一代的演化，这些物种终于把自己吃成了美国人，现在他们都有着同样的身材：宽大肥厚的臀部，弥勒佛似的大肚子，火鸡屁股似的下巴和抹香鲸一般的躯干中间几乎没有脖子。女士们裹着粉色的弹力套装；男士们的身体肿胀到几乎要把格子衬衫和涤纶长裤撑破。"如果这还没有阻止你把餐盘推开，我不知道还有什么可以。

罗班创作了一份不寻常的"肥胖地图"。这个古怪的实验指出，肥胖最为严重的地区即是最新的移民地区，在这些移民聚集区，祖先挨饿的回忆仍然没有散去。而最苗条的人群位于先驱者聚集区，他们的祖先在 1776 年以前就到达美洲。罗班判定,美国的肥胖之都,就位于明尼苏达—爱荷华—达科他州的三角区域。

在政治正确方面,我不敢苟同罗班先生,但是他这份不寻常的研究揭示出贵族苗条身材的秘密。

> **Technique 技巧 34**
>
> **通过节食和装扮来掩饰"缺陷"**
>
> 接下来的环节是关于外貌的好消息。你可以通过着装和四轮马车来掩饰容貌方面的缺陷。要像上流社会人士那样站立和行走。他们走路时双手紧贴身体,同时也会更精准地控制自己的一举一动。农奴大摇大摆地晃着胳膊。上流社会人士习惯保持挺拔的站姿。无名小卒却总是没精打采,仿佛在说:"请鞭打我吧,主人。"

你是否依旧渴望加入上流社会

听了这么多细枝末节的事情,包括打招呼的方式之类,你是否还渴望上流社会的生活方式呢?如果确定是,那就去追求吧。但要记住,这些规则都是心照不宣又无处不在的。上流社会人士的排外是微妙而不易察觉的,而你的追求也不一定有回报,但是如果你确实向往上流社会,请重读本章,本章内容一定会帮助你在举手投足间培养贵族风范。

Chapter 5

如何找到一个完美的伴侣

好男人和好女人都去哪儿了

好吧，现在你已经厌倦了周围聒噪的青蛙，即使他们有一副好皮囊，家境也不错。现在你想寻找一位好男人或者好女人，想要终身伴侣，这个人必须是一个好人，不说谎，不偷不抢，也不会背叛你。

一言以蔽之，好人的共同品质是什么？猜猜看。开头是字母 i（就是我的意思），结尾是字母 y（就是你的意思）。它还包含 grit 这个单词（例如骨气、勇气、有性格、行为得体、诚实正义、举止高尚、有原则等）。

关键词是（请奏乐）——正直（integrity）。要想让好人被你迷住，有兴趣和你开展一段关系，正直是必要条件。

首先必须得弄清楚"正直"是什么。仅有正直是不够的，随着年岁渐长，聪明人已经不再埋首"故纸堆"，花费无数个不眠的夜晚苦苦思索这一关键要素。不管是哲学家、古今圣贤、律师、辩论队学生和政客（至少是部分政客），还有无数普通人，都轮番讨论过正直的含义——谁是正直之士，而谁又不是。每个人的定义都不同。

为了能够定义正直，我翻遍了字典、百科全书和网络，也问遍了所有朋友，甚至在酒吧里问了几个醉汉。查找正直时跳出来的同义词与解释通常都是"诚实""真诚""具有完善的道德准则""值得信赖""关心他人""了解自我",等等。定义多种多样,但几乎我问过的每个人都认为,正直的定义包括"说实话"。他们都同意,诚实地说出真相对于正直来说不可或缺。

但是百分百地诚实并不容易。问题在于什么时候是无伤大雅的善意谎言,而什么时候是弥天大谎呢?答案就是如果从你嘴里说出来的话完全是为了他人的感情或自尊心考虑,且只是为他们考虑,涉及的事情很小,那这种谎言或许是可以原谅的。但仍然只是或许。你应该不惜一切代价避免说谎,这不仅是因为你立志追求高质量的伴侣,还因为一旦谎言被识破,你就会永远失去他人的信任。

某个周一晚上,一位女性朋友莎拉邀我在下班后一同购物。之前莎拉和我去过一家商场,她磨磨蹭蹭,简直像个漏水的龙头。她试穿了店里的每件裙子,然后盯着镜子里自己的屁股开始询问我:"这件会显胖吗?"其实所有的裙子都显胖,而且我也厌倦了这么多次被迫的善意谎言,所以这次她邀请我一同购物的时候,我拒绝了,表示已经与别人有约在先。

这段友谊没有持续太久,因为我在独自购物时撞见了她,那是一个星期一的晚上,在梅西百货的化妆品柜台。小小的善意谎言出了差错。如果你要隐瞒的是小事,你可以称之为"善意的谎言",但如果是为了一己私利,你必须称之为"小小的谎言"。哪怕被撞见一次,也会失去受人尊敬的潜在伴侣。俘获有原则的伴侣,最重要的一点就是不要撒谎。

我知道我曾经失去过潜在优质伴侣的信任,只因我撒了一个无伤大雅的小谎。那天我必须在下午四点出发去机场,我特别想和当时的男朋友聊聊天,他是一位品行端正的男士。在出发之前我打电话给他,却只收到了留言提示,于是我给他留了一条消息:"请尽快给我电话,因为我三点就要出发去机场了。"

下午3:45电话响了,我接电话的时候,就听到这位即将成为前任的男朋友惊讶的声音。从那一刻起,我就知道他对我的信任开始崩塌。从那以后,即便是再小的谎言,只要是出于一己私利,我都尽量避免。

你遇到过这样的情况吗?在古董店看上了一款漂亮的碗或者茶杯,你对它爱不释手,放在手里仔细把玩。这件古董确实很漂亮,但是你发现上面有一条细小的裂纹。你可能会立刻失望透顶,然后丧气地把它放回架子上。在面对极有原则的潜在伴侣时,正直的品行也是如此。如果品行有一丝裂纹,在极富原则的人眼里,你就成了残次品。

Technique 技巧 35
撒谎你就输了

在你和一位高尚人士的交流中,千万不要让一丝谎言侵入你们的关系。一旦你被发现在撒谎,而且是出于自我利益地夸大,或者不够直截了当,你的可信度就会大大下降,很快就会失去这位潜在伴侣。

品行端正就像穿了一身铠甲，真相会使你立于不败之地。有了正直，就像有了一座坚固的房屋，大灰狼吹不倒。你一定听过三只小猪的故事。

> 三只小猪住在妈妈的泥洞里，有一天他们要闯荡世界，建造自己的房子。第一只小猪用稻草建房子，第二只小猪用枝条建房子，第三只小猪用砖块建房子。
>
> 有一天大灰狼来了，敲了敲第一只小猪的门，然后说："小猪小猪让我进来。"小猪回答："我才不可能让你进来，猪公嘴上一根毛也不让你捉到。"大灰狼说："好吧，那我就要怒发冲冠，使劲吹气，掀掉你的房顶。"于是大灰狼怒发冲冠，使劲吹气，掀开了房顶，吃了这只可怜的小猪。
>
> 第二只小猪也有着同样的可悲命运，成了大灰狼的盘中餐，因为他的房子是用枝条建造的。

当母亲为我讲述这个睡前故事的时候，我确定她没有想到，这个令人悲伤的故事让我怕得要死。关灯后，我裹在被子下面发抖。一想到大灰狼会来把我吞掉，我就被吓得呆住了。

但是这个故事有一个圆满的结局，同时也富有启迪意义。

> 第三只小猪也是最聪明的小猪，他的房子是用砖块建成的。大灰狼又来敲门，充满自信地舔着下巴，他还是那句台词："小猪小猪让我进来。"小猪回答

道:"我才不可能让你进来,猪公嘴上一根毛也不让你捉到。"

"好吧,"大灰狼说道,"那我就要怒发冲冠,使劲吹气,掀掉你的房顶。"然后他一次又一次怒发冲冠,使劲吹气,但这次他没有掀开这只小猪的房顶。房子很坚固,因为它是砖块建成的。小猪对于自己的砖块房子非常有自信,因此他在厨房里快乐地摇晃着身体走路,一点儿没把外面的威胁当回事儿。

当我还是个小女孩的时候,母亲经常来到我的房间敲门,模仿大灰狼的声音说:"莉尔,如果你的房间一团乱麻,我就要怒发冲冠,使劲吹气,掀掉你的房顶。"我就会回答:"我才不可能让你进来,猪公嘴上一根毛也不让你捉到。"当然,我会加倍清理干净。

Technique 技巧 36
用砖块建造自己的信仰

在用结实的砖块建造自己的信仰、原则和正义时,你就会变得坚不可摧。要想俘获一位受人尊敬的伴侣,首先要保证自己的信仰和原则与对方处于同样的高水准。

有时，如果妈妈发现我撒了一个小谎，她会严厉地说："我要怒发冲冠，使劲吹气，我会吹掉那个谎言。"当然，那是在暗示我该说："我才不可能让你进来，猪公嘴上一根毛也不让你捉到。"然后我就会忏悔。为什么呢？因为"猪公嘴上一根毛也不让你捉到"这句话，让我想起了前两只小猪的悲惨命运，他们的房子并不牢固，只有房子牢固的小猪活了下来。说着"嘴上一根毛"让我确信，我的理论就像砖块一样牢固。

一个小疏漏都会让你成为过去式

为了配得上一位品行高尚的人，你在生活中也必须保持受人尊敬的举止，无论何时何地，无论与谁相处都是如此。其实就算是已故的营养学家罗伯特·阿特金斯，可能也会纵容你偶尔吃一支棒棒糖。但是要想保持正直的品行就决不能如此。与富有原则的潜在伴侣在一起时，一个小小的疏漏都会使你成为过去时。但是在一夜之间建立好习惯非常困难，一开始必定会犯错。

所以当你暴露品行上的瑕疵，处在不幸的境地之中时，该怎么做呢？比如说你从酒店顺走了毛巾，或者在出纳员找钱找多了的时候没有及时说出来。你必须尽快补救。让品行高尚的伴侣知道你承受着良心的折磨是不够的。你必须折磨自己的大脑，想出各种方法来弥补自己的错误，以维持这位受人尊敬的伴侣对你的尊重。

以诚信作为诱饵

许多年前我有一个小的剧院项目。周末,我的剧场搭档和我在离百老汇很远很远的地方表演。我们称表演的节目为《项目》。每周五和周六晚上,我们排练本周内自己写的剧本。我们写的每一幕都是包含特定信息的(有时候也会说一些插科打诨的胡话),渐渐积累了一批粉丝。

参与演出筹备的还有另一位女士,名叫唐娜。她包办了一切——预定位置、布置道具、在门口卖票,甚至在演出后帮我们打扫卫生。我曾经问过唐娜,为什么她会为了微薄的工资付出这么多。她笑着告诉我,她就像马戏团的清洁员,不断地清扫大象的粪便,当被人问起为什么选择这份脏活时,清洁员回答道:"我只是热爱演艺圈。"唐娜也热爱演艺圈(至少热爱我们在演艺事业上所做的徒劳尝试),我们也爱唐娜。

这个演出是在我的阁楼上举办的,几年来每个周末都会举办。在这个演出项目结束后,就像演艺圈那样,我们失去了唐娜的踪迹。时间老人像往常一样,模糊了记忆,我差点儿忘了我可靠的朋友唐娜。

大概是三年后,有一天我打开信箱,发现一个鼓鼓囊囊的信封,上面没有回信地址,我打开信封,一沓钱掉了出来。简直就像在拉斯维加斯的赌场里中了头彩,总共有 300 美元 32 美分,准确地说,除此之外什么也没有了。我重新看看信封,想找到合理的解释。在信封侧面的便利贴上,我发现一行手写的歪歪扭扭的字:"这是我在《项目》售票处偷的钱。抱歉,唐娜。"便利贴的另一面没有电话,也没有地址,什么都没有。

回忆如潮水般涌来吞没了我,我感到对唐娜的一阵同情。这不是因为她是一个卑鄙的小偷,而是这么多年来,她的良心会受到怎样的折磨!

然而在一个小时内,我的同情就化为了尊敬,直到今天我还是希望能够找到唐娜,对她表示钦佩,因为她坦白了自己的行径,也归还了那笔钱。但我忘记了她的姓。(唐娜,如果你读到这里,请联系我!)

> **Technique 技巧 37**
>
> **敢作敢当**
>
> 如果你搞砸了,被人抓住不光彩的行径,必须立刻补救——越快越好!虽然你的补救看似是不得已而为之,但是你的潜在优质伴侣仍然会为此尊重你。让对方尊重你比一时犯傻更为重要。

最近,我对此又有了一种新的情感,现在我为唐娜感到开心,不管她身在何处,她都能够发自内心地尊敬自己。自我尊敬会转化为自信和高自尊,这些品质都是你俘获优质伴侣的必要条件。

人们通常会与这样的人结婚

当你在寻找好人作为伴侣时，先成为一个好人就变得格外重要。一组研究爱的人员曾进行了为期一天的田野调查，观察和分析人们的结婚对象，然后加以分类。将这些研究总结起来，最重要的一条发现就是，生活中人们通常会和与自己深度相似的人结婚。

为什么令人尊敬的潜在优质伴侣的追求志同道合呢？你可能认为和与自己大相径庭的人相处会带来不可预测的奇妙经验，甚至有许多令人激动之处。研究人员将这类人称为相异者，他们可能会提供新的信息、新的视角甚至看待生活的新方式。这听起来确实很有吸引力，不是吗？

不幸的是，往往事与愿违。无论你多么独一无二，多么令人赞叹，或是多么与众不同，只要你不是在道德上毫无瑕疵，你就没戏。你渴望的潜在伴侣可能会选择思想和举止同样高贵的人作为终身伴侣。虽然他们可能在短期内选择一些配不上他们的人，但是在考虑终身大事的时候，高贵的人通常会选择拥有与其匹配的信仰和价值观的伴侣，他们想要一个有相似的世界观以及逻辑思维的伴侣。当然一位高尚的人也渴望遇上与其品行相匹配的正直之士。

所有关于这项社会学法则的研究都支持这个观点，它确实值得深思。在一项典型的研究中，研究人员对即将搬入宿舍的学生做了一项调查，研究人员知道这些学生最终会熟识彼此。[24]为了确定学生的价值观与信仰，研究人员要求他们回答什么是生命中最重要的事物。研究者假设，当这些学生慢慢相熟，他们会被有相同看法的人所吸引；同时还预测了哪些学生会成为朋友或夫妻。

不出所料，研究者的预测得到了验证，具有相同世界观的人成了朋友或者恋人。

令人难过的是，许多青蛙也许永远不会知道为什么他们会被王子或公主拒绝。要这样拒绝别人是很难的："我和你分手是因为你不够好。"

为何品行高尚、道德完善的人总是相互爱慕？首先，生活是可怕的——即使对王子和公主来说也是如此，而与志同道合的人相处时人们会感到更加安全与幸福，原因多种多样。每当你附和别人的观点，同时也就加强了自己的信仰，你对别人的赞同也证明你的观点、兴趣和价值观是正确的。

对于品行高尚的人来说，这种互动更具回报，因为他们可能刚在公司碰得头破血流，他们的道德原则可能遭遇了与之完全相悖的信仰和价值观。高山流水遇知音，才会琴瑟和鸣。

但是切忌毫无原则地附和对方所说的一切，那样会使你听起来像一个唯唯诺诺的人。一项名为"吸引力增强模型"的研究表明，两个人在琐碎小事上意见一致并不重要，重要的是在生命的重大问题上有相同看法，这样才会带来琴瑟和鸣的感觉。

怎样亲手断送一段感情

许多人自认已经找到终身伴侣，却突然跌入深渊；他们认为一切都在朝好的方向发展，但是突然间一切都变糟了，对方表示已经不再爱你。你遇到过这种事情吗？本来欢欣鼓舞，以为自己找到了理想中的伴侣，但是对方突然与你分手，而你毫无头绪，找不到原因。于是你整夜失眠，泪水浸湿了枕头，开始回想这场恋爱结束的前几天，两个人互动的一点一滴和一言一行，但是想破脑袋也找不到答案。

男性在道德品行方面遇到的挑战更大，因为一旦女性发现男性品行上的瑕疵，她就会对这位还在傻乐的男朋友下逐客令，而且从不解释原因。这个可怜的家伙被遗弃后，还在抓耳挠腮，苦思冥想。

当他问她到底哪里出了差错，她通常不愿意透露，因为不想伤害他的感情。很少有女士会说："我和你分手是因为你的原则达不到我的标准。"

女性通常会首先留意男士的性格（对于男士来说性格倒在其次）。先生们，也许你光鲜亮丽，拥有体面的工作和薪水，性格宜人，但在你向公主求婚时，突然间被告知一切都结束了。你绝望地拼凑起摔得七零八落的心，一遍一遍地问自己："到底发生了什么？"

可能你永远都找不到答案，但如果她是品行高尚的女士，很有可能是你的原则问题葬送了你和她的未来。如果你的家庭并没有以最高的道德准则作为行事规范来教育你，也没有把绝对的诚实看作理所当然，那么即使你的道德标准很高，也有可能不符合对方的最高要求。

先生们，如果女士总是处处留心你的价值信仰、原则和性格,那你一定要小心了。一次谎言、一次失误、第一次与她约会时流露出来的庸俗都可能断送你和她的恋情。

我曾喜欢过一位男士,尽管我发现我们的价值观有很大差异,我还是爱上了他。一开始我认为我们是志同道合的,我当然不会把自己代入公主的身份,但是与他相比,我也算得上是足够高贵的,后来这位男士证明了他只是伪装成王子的青蛙。

女人的"恋爱脑"有多可怕

我曾经爱过一个来自加拿大的男人,名叫瑞恩。瑞恩个子很高,英俊帅气又聪明过人,衣品也很好。他总是能够带来令我激动的富有异国情调的浪漫,但他似乎总在隐藏些什么。除了那些优点,他还比我小十一岁,这大大满足了我的自尊心。一天晚上,瑞恩送给我一大束红色玫瑰,里面藏了一只漂亮的钻石订婚戒指。即使我们有年龄差异,我还是认为他或许是我的终身伴侣。

我相信他是一个标准很高的人。瑞恩是一个虔诚的教徒,经常去教堂,也总是谈论自己的精神和心灵。他的许多事情都证明了他对真理与诚实的坚持。他简直就是一个完美对象。

直到一两件微不足道的小事为我敲响了警钟。首先是他的电话,瑞恩总是在手机上隐藏自己的来电号码,因此他给我打电话的时候,我认不出他的号码。这一点本身倒没什么,但是因为我的手机不能隐藏电话号码,所以我给他打电话的时候,我的号码总是出现在他的手机上。如果瑞恩知道是谁打来的电话,他就会接电话时打招呼,例如"嗨,亲爱的"或者是"你好,莉尔"之类的。

但是有几次我从公用电话亭给他打电话,他认不出我的号码,直到我开口说话他才会打招呼。换句话说,任何给他打电话的人,如果不事先表明身份,瑞恩就不会说出自己的名字,甚至不会打一声招呼,这很令人玩味。

另外,当我们在他公寓里的时候,每当他的电话响起,我注意到他总是会仔细地检查来电者的电话号码,然后才按下接听键。如果他不认识这个号码,就会让答录机留言。很明显,瑞恩在知道对方的身份前,决不会透露自己的任何信息,他到底在逃避什么?

当我开玩笑地质问他这一点时,瑞恩很快解释,这是因为他不喜欢骚扰性质的销售电话。现在回想起来,躲避销售电话不需要你隐藏自己的身份,所以这种行为仍然显得可疑,但是因为我当时已经深深地迷恋上了他,所以我接受了他的答案。

后来还有种种微小的迹象,我却总是视而不见。我们曾经一起去百慕大三角旅行,他路过移民局的时候总是显得格外紧张。我经常在岛上担任咨询工作,所以有几个警察认识我。当我们经过移民审查处的时候,瑞恩让我先过,并且建议我对移民官员随意地说:"这是我的未婚夫,他跟在我后面。"我问他为什么,他回答:"因为你太美了,我很骄傲,你是我的女人。"当时我深深地迷恋着他,自尊心也得到了极大的满足,因此又接受了这个答案。我甚至没有想过他可能会因为其他原因害怕移民官员。

他对我的热情以及对精神世界的向往，令我为之倾心。我全身心地投入这段关系，就像浸泡在温暖的泡泡浴里。正在我几乎准备好接受和他一起生活的时候，我又发现了一些可疑之处。

他想把我介绍给他的家庭。在这次会面中，他的姐姐告诉我，她很开心看到瑞恩能够再次与他们联系，因为"已经有好几年没有人知道瑞恩在哪里了"。当我问起这一点，他表示自己曾经和父亲吵了一架，才故意躲开家人。我并不喜欢这样，因此我对他的滤镜开始消失。

最后一击来了。那次会面不久后，我在公寓里为瑞恩准备晚餐，他七点到。我从厨房窗户看见有一个盗贼偷偷摸摸地爬上街对面的消防梯。于是我打了911，挂断电话时瑞恩也到了。我把他拉到窗户边，指给他看那个小偷。小偷正试图爬进邻居的窗户，我告诉瑞恩我报警了，警察马上就来。他突然变得暴怒，并且对我大吼，说他不喜欢"到处窥探的警察"。

瑞恩离开我家的车道时，车轮上的橡胶在地上蹭出了一道印记。我早已布置好餐桌，装点上了蜡烛，春鸡还在烤箱里，我非常受伤，也困惑不解。在那种受伤的状态里，我开始拼凑瑞恩的种种言行，那时候他看起来似乎完全是无辜的。例如他进入车里之前总是会不辞辛劳地打开雷达探测器，即使是我开车的时候，他也会把雷达探测器装在我的车上。回顾过去，我发现这一点清楚地表明，瑞恩绝对在逃避执法人员。越来越多的证据表明他在隐藏某些秘密。我将自己的疑虑告诉了他。

在那一刻，我深爱的王子突然变成了尖酸刻薄又充满讽刺的陌生人，仿佛出现了另一个分身。当他的汽车尖啸着从我家的车道上最后一次开走时，我松了一口气，同时也流下了许多眼泪，我为他哭了很久。这个可怜的家伙永远也不知道发生了什么，我看起来就像一个歇斯底里的女人那样突然要与他分手，没有任何原因。

为什么我要讲这个故事呢？重点在于，即使我个人是很推崇开诚布公的，但我还是没有告诉瑞恩我最大的顾虑和困惑，你怎么能够指望失去的旧爱告诉你分手的原因呢？不幸的是，如果品行高尚的伴侣发现任何道德瑕疵，你就会面临分手的危险。人们就是这样行事的。

该怎样解决这个问题呢？如果刚刚经过有毒的常春藤，你会仔细检查身上有没有斑点，对于人格上的瑕疵来说，也是如此。这些瑕疵会让潜在优质伴侣立刻拒绝你。请立刻根除这些道德瑕疵，或者在你们刚开始相处时，就向对方坦白这一切。

> **Technique 技巧 38**
> **进行正直测试**
> 　　你从出生起就和自己生活在一起，现在是时候和自己开个会了。你非常了解自己。请列出自己的强项和弱项，然后改进自己的弱项。我知道通常你想俘获心仪的对象，不会收到这样的建议，但是如果你想追求品行高尚的伴侣，这一点非常关键。

后来我偶然得知，瑞恩的过去确实充满波折坎坷，也惹上过违法的案子。我真是太天真了。当一个女人爱上一个男人的时候，就会自动过滤掉男人身上所有的缺点，至少有一阵子确实是这样。

展示你最好的一面，马上

交往之初就展示端正良好的品行至关重要。其中有一个非常有趣的现象，当你在最初约会时表现出清白端正的形象，让上流社会人士对你心生好感，他们就会倾向于忽略那些后来出现的小瑕疵。为什么呢？因为一旦人们喜欢你的性格，就会倾向于认定你在某些重要的事情上和他们是一致的。

一项来自密歇根大学的研究证实了这一点。在新学期刚开始的时候，研究人员让新生列出一个名单，上面记录了这些新生遇到的同学，从中选出他们最喜欢的一位同学。[25] 一段时间后又进行了一项调查，让这些新生写下哪些同学在生活中重要的事情上和他们志同道合。

当研究人员比较这两份名单时，发现两个问题的答案总是有重合。如果新生喜欢某位同学，他们会自动认为这个同学在一些重要的事情上和他们志同道合。

这些新生发现在与他人熟识后，他们最初喜欢的对方的生活态度和原则，其实与自己并不相似。大多数情况下，这种喜爱之情会逐渐减少。研究证明，如果你一开始就喜欢某人，会更倾向于认定你们的道德准则或者价值观相似。同样，品行高尚的潜在优质伴侣一开始喜欢你时，就会认定你和他们有着同样的高标准，只要没有其他相反的证据表明你并非品行高尚，他们就会这样认定。

如何在相亲市场脱颖而出

实际上，如果一位潜在优质伴侣相信你也是一个高标准的人，他就会更想见你。你在酒吧里是很难找到王子和公主的。

那么在网上寻找品行高尚的伴侣怎么样呢？这确实是一条可行的路。

我有一个朋友叫比尔，他也是我的商业伙伴，现在住在科罗拉多的一个小镇上。几年前他被迫与妻子离婚，当然他们有自己的原因，比尔深爱自己的妻子，用了很长时间才走出悲痛。在那段时间里，他花费了大量精力和金钱照顾前妻和女儿们，希望她们不缺钱也不缺爱。

一年多的时间，孤独逐渐占据了他的心灵，虽然比尔仍然带着疑惧，他还是决定重新开始约会，这对于一位快五十岁的男士来说可不是儿戏，况且他还与青梅竹马的恋人有过一段婚姻。不过约会对比尔来说并非难事，因为他经营着一家有声出版公司，在当地颇有盛名。另外，比尔品行端正，聪慧过人，有着很高的标准，很自然他也希望恋爱对象具备这些品质。

比尔并不爱聚会，他决定上网寻找女性伴侣，比尔很擅长销售自己的"产品"。他的第一个任务就是发布个人简介，以吸引潜在"买家"。他列下自己的资产与福利，期望吸引到特定类型的"顾客"。

这个策略在商业上是奏效的,所以他决定在约会时采取同样的策略,只是这一次"产品"是他自己。比尔有个习惯,就是建立用户画像,体现在约会中就是高雅女士的形象。他列下了自己的资产以及能够吸引这类女士的福利,然后把广告发布在相亲网站上。

比尔尽量保持客观,他知道自己英俊帅气,受过良好的教育,能言善道又成熟富有,也具备一定的声望;现在他却面临职业生涯中最严峻的推销挑战,他想尽量谦虚地呈现自己真实的样子。

不幸的是,比尔这份广告没有太多的回应,至少这些回应不是来自他中意的那类女士。"怎么回事?"他说,"我一直相信做广告真诚最重要。"因此他在相亲网站上介绍自己为"富有的企业家"。很明显在与应征者通话后他就明白,这些人只是对他的钱感兴趣。

比尔有个特殊的福气,他和自己的大女儿仍然关系密切,大女儿那时候十八岁。有一次,他带大女儿去参加晚宴,有人开玩笑对她说:"你爸爸正在网上相亲。"比尔带着轻蔑的口吻告诉她:"阿丽莎,我认为好女人根本不会去读相亲网站的广告。"

"当然有了,爸爸。"女儿回复道,然后问,"你的广告写了什么?"

他读了几条自己的相亲广告,阿丽莎摇了摇头。"女人才不想看这样的广告,我的意思是,至少你中意的那类女士不会喜欢。"她继续说，"听着，爸爸，你聪慧过人，心地善良，充满爱心，又尊重女性，您对待我和妈妈都很好，这些品质为什么不写出来让人知道呢？"

比尔看起来很困惑，他知道阿丽莎是对的，他应该写下自己的优良品质，但他不知道该如何下手。阿丽莎帮他写了一份广告，强调了这些深层次的闪光点，而不仅仅是突出他的财富和名望。

他在相亲网站上发布了这则广告后，立刻收到了许多回复，而且都是来自"高雅的女士"——他这样形容。几周后，一位特殊的"买家"出现了。

> **Technique 技巧 39**
>
> **好品质要让大家都知道**
>
> 不要等着潜在优质伴侣慢慢发现你的过人之处，应该直接亮出你的优良品质。不要害羞，这对于原则性强的人来说是非常重要的加分项。

现在他们两个仍然在约会，无论何时我和比尔说话，听上去他都比过去几年里的任何时候开心。

性和性格

有时会有男士问我为什么女性总是那么在乎性格那套东西。男士通常很疑惑,即使他们已经通过测试,成功地表现出忠诚和良好的性格,善解人意,富有责任心……符合好人的所有标准,女性也不会过早陷入一段关系。这很令人疑惑,因为男性和女性在同样的文化中成长,为何女性倾向于先有爱后有性,而大部分男士正好相反呢?事实上许多女性在陷入恋爱之后才开始考虑性生活,而男性在发生性关系后才能够爱上女性,这是为什么呢?

要解决这个令人困惑的问题,还得从进化论说起。为什么呢?让我来解释一下。1872年达尔文首次提出了一个理论,[26]他称之为"性选择"。一位名叫罗伯特·崔维斯的心理学家继承了达尔文的观点,将其融入现代社会。他认为虽然已经有避孕套、避孕药、隔膜、补丁等一系列避孕措施,即使将来发展出更多避孕措施,女性的生物本能也永远都会支配其决定。

他此番言论的背景是考虑到怀孕与生育的生物学代价,他表示女性怀孕要付出许多身体上的能量,例如钙、铁、维生素。换句话说,这些能量对于女性健康来说至关重要。与之相反的是,从生物学上来说,男性不需要为此付出任何代价,男性只需要贡献精子,接下来的一切都和他们没有半点儿关系了。

没错,男性可能需要付出金钱,但是对于女性来说,怀孕和生育的生理代价比男性要昂贵得多。表面上看,女性怀孕后可能不会有太大变化,但实际上精子和卵子一旦结合,就会给身体带来很大的负担。我的意思是，怀孕的过程中胎儿必将挤占女性体内的空间和资源，带来一系列麻烦。

女性会出现晨吐。晨吐是什么感觉？先生们，这种感觉就像你狼吞虎咽了一堆海鲜，又吃了一打生鸡蛋，再加上一个巨无霸和热熔巧克力圣代，以及六瓶啤酒，然后你就会像坐过山车那样头晕目眩，这就叫作晨吐。说晨吐其实并不恰当，这种恼人的感觉会在早晨、中午和夜晚袭来，时间整整持续三个月。

这仅仅是个开始，最后三个月才最折磨人。当你身形臃肿，容颜凋落，走路摇摇晃晃，还必须穿上麻袋似的衣服，自尊心会受到极大的挫败。更不用说要被迫禁欲，如果你不信的话，请在棒球里塞上水泥砖块，再绑在肚子上，然后试试看能不能做爱。

生育对于女性来说简直是酷刑，而男性几乎感受不到任何痛苦，他只需要射精，在生理上对这一过程的贡献就完成了。至于痛苦呢？根本不可能。他的整个过程都感觉好极了，简直好得不能再好了。

换句话说，对女性来说生育的代价巨大。即使怀孕的可能性为零，比如说伴侣进行了输精管切除术，这种对于生育的恐惧也仍然深深植根于女性的心灵中，因此女性会厌恶没有爱的性。女性在潜意识里模糊地认为，或者很清楚地知道，养育孩子的主要责任会落在母亲头上。女性出于直觉会担心一旦男人消失，她就必须应对随之而来的一切责任，照顾这个孩子，这就是为何她需要爱。女性需要确定男性能够陪伴在身边，帮孩子换尿布，负担孩子的大学学费。

蒂莫西·帕珀写了一篇精彩的关于爱的生物学论文，他使用的术语更加深奥。他说:"尽管男人和女人都把性视为一种强大的情感黏合剂,但女人在性方面的犹豫,从某种程度上来说,具有生理社会和生物经济性功能。"[27]

Technique 技巧 40

尊重与公主的性爱

"尊重"这个词似乎和性格格不入。你可能会说:"不就是性嘛,有什么大不了的。"请三思而后行,这对女性来说十分重要,对于公主来说尤其如此。一位明智的女人会随时留意你的性格特征。

如今,许多女性的收入已经超过了潜在男性伴侣,她们仍然会选择将自己的生物资源投资给那些富有爱心、诚实正直又负责任的男性,男性能挣多少钱并不重要。许多男士仍然认为女性都是拜金的,其实在大部分情况下并非如此。对于当今社会的女性来说,优良的品质远比财富重要。

对于想要与公主结婚的男人来说,这是一个好消息,改善性格通常比积累财富更容易。

你的家不是你的城堡,它是你灵魂的一角

先生们,当一位女性表示要来你家看看时,请不要过于激

动，这多半和你想象的不一样，这种行为并非意味着她要来看你家里的蚀刻画。对于女性来说，这不仅仅是一次简单的拜访，还是对你的性格的一次侦查任务。没有什么能逃过她的眼睛。

比如说她要来了，你才东奔西跑地把所有脏衬衫从地板上收起来，把脏袜子藏在床底下，然后急匆匆地寻找两年前母亲给你留下的真空吸尘器。

约会对象到了，这时候你要去厨房拿两杯饮料，她则四处嗅探，就像一只受过训练的德国牧羊犬在机场缉毒时那样寻找蛛丝马迹，窥探你的真实人格。

可能她想用你的洗手间，其实她本可以不去，只不过是想看看你放药的橱柜。里面有什么呢？十包避孕套？许多安定药片？还是你其他女友的唇膏和指甲油？

建议你检查一下药柜里的所有物品，包括梳妆台和床底下，然后把所有"罪证"藏在壁橱的最深处。如果她要在你的住所独自逗留，那么藏在壁橱深处也是不保险的，应该埋在后院里。

我曾经和一位约会对象在晚上喝酒，这位"品行高尚"的男士告诉我，他已经有超过两年没和女性发生过亲密关系了，他解释说亲密对他来说非常重要，可他还没有找到命中注定的那一位。这让我心里很温暖。我同情地轻轻捏了捏他的手，然后告诉他我要用一下洗手间。

通往洗手间的路上会经过卧室，我瞥了一眼他的床头柜。天呐！我发现一对假睫毛粘在床头柜的侧边，因为假睫毛的胶水并不牢固，所以这些睫毛肯定是不久前才在黑暗中掉落的，或许是一两晚之前粘在那里。不难猜测，那个夜晚一定激情四射。我想知道这些假睫毛是女士戴的还是他自己戴的。不管答案如何,他已经撒谎说自己禁欲两年多,因此他在我心目中的地位一落千丈。

先生们,对一位女士来说,一切细节都有可能透露你的本性,哪怕是厕纸的类型。你会选择柔软舒适奢华的厕纸,还是那种便宜货?便宜的厕纸可能会摩擦她那娇嫩的屁股。这一点就能说明你是大方还是小气。

一走进你的办公室,她就是夏洛克·福尔摩斯

办公室的摆设同样不能掉以轻心。桌上摆放什么样的照片,是前妻的孩子吗?"他确实告诉过我,他有孩子,"但她可能会想,"他需不需要把所有的钱都花在孩子的抚养上呢?"如果是前妻和孩子的照片呢?她可能会觉得有问题。如果是前女友呢?那么问题就大了,她真的是前女友吗?如果摆放政治名人,她可能会想,得凑近看看他有没有在照片里,不然就太奇怪了。

小心墙上的挂历,女士一眼就能发现其中的端倪。是塞拉山峦俱乐部的海报挂历?还是上面写着亚瑟·安德森的名言"一切为了有价值的客户"的挂历?或者是裸体海报挂历?

不要说办公室和整家公司都是你雇人设计的,你和办公室的装修风格没有关系。她会分析你如何摆放家具,桌子会挡在你和来访者中间吗?她会认为你没有安全感。你的办公室空间更开阔吗?她会认为你主张人人平等。给客人用的沙发和你自己的沙发一样舒适吗?如果是的话,她会认为你关心别人。如

果有人借走了你办公室里唯一的椅子,她会认为你性格孤僻,不愿意与别人交往,也许办公室里的每个人都讨厌你。

她不仅仅会记下这些物品和布局,还会在你经过隔间时观察其他人的反应,看看他们是否尊重你。那些人笑着向你挥手打招呼了吗?还是不愿意看你?或者翻个白眼说"又是那个人在炫耀他的新猎物"?

简而言之,先生们,除非你是块做男朋友或者丈夫的料,否则就不要妄想与公主发生性关系。

"谁说要结婚了?"你可能会问,"就不能像过去那样和朋友来一场酣畅淋漓的性爱吗?"

这可行不通,对于大部分女性来说,她们的身体只会随着情感的加深才会找到感觉。如果她们倾心于你,又尊重你,才会像某些男人所说的那样"毫无保留";如果她们不喜欢你,那你们俩的故事开始前,你就已经没戏了。

Technique 技巧 41

处理好自己的细节

如果你安于现状,每天早上起来面对着青蛙那双无精打采的眼睛也无所谓,那你就不必在家里和办公室大费周章。但是如果你想每天清晨亲吻王子或者公主,那就不要让你的家或办公室露出马脚。

有男人在研讨会上问我："女人们难道不想和有钱的男人结婚吗？"先生们，有钱当然是一件好事，但是时代变了，现在女性也能挣很多钱，女人再也不用靠男人来获得经济上的安全感。最重要的是，很快男性就会面临找不到女性伴侣的状况，这是有官方数据说明的，《华尔街日报》的标题写着《女性伴侣短缺》，这场即将来临的男性危机已经被广而告之了，标题下面的文章写道："由于人口转型，女性数量下降，现在三十多岁和四十多岁的男性，必须经过激烈的竞争才能找到女性伴侣。"[28]现在寻找配偶的风向已经改变。

男人还没有意识到的是，大部分女性并非拜金者，至少不会因为金钱趋炎附势。她们真正想在男人身上寻找的是黄金一般的品质，有原则的女性对"黄金"的定义就是成为一个好人。

选择伴侣格外重要的一点

对于男人来说，女人的性格并非首要关注点，只要女性外表迷人、风趣幽默，男性就会在恋爱初期忽略女性的一些小缺点。再重申一遍，这仅限于恋爱初期。当他们开始认真的时候，未来伴侣的品质就变得格外重要。

然而男士并不热衷和伴侣一起探索兴趣爱好。姐妹们，如果你的潜在优质伴侣对西班牙猎犬或者万宝龙钢笔颇有研究，一旦你优雅地吐出几个专业术语，你在他们心目中的地位就会上升几个等级。或者当你无意中透露你喜欢万宝龙钢笔的莫扎特系列或是贵族系列，这些术语会让万宝龙钢笔的狂热爱好者高兴得手舞足蹈。

想必大家已经知道，我坚定地相信"要想成功就要先假装成功"，这就是我的人生哲学。但是要注意，当你深入到对王子或者公主来说最重要的领域时，也可能会陷入麻烦。潜在优质伴侣通常比青蛙更有洞察力，一旦你的诡计被识破，他们也会更难原谅你。

情投意合也分为不同的种类

情投意合也分为不同的种类。如果你们观点相似，信仰也处于同一个价值体系内，这在恋爱的初期对女性来说是非常重要的，这一点我们已经讨论过。我也提醒过，女性可能会偷偷带上福尔摩斯的帽子，在钱包上挂着放大镜，然后偷偷溜进你的内心，观察人格中那些弯弯绕绕底下最基础的性格特征。

对于这一点，女士在最初几次约会时并没有太大的压力，通常男性不会深究女性的性格。他知道自己最感兴趣的是什么——可能在你张口之前就明白了——那就是你能否激发他的性趣。

在一段关系的初期，可能在你们第一次交谈时，第二大决定因素很快就浮现了。对于男性来说，对方的兴趣非常重要，你喜欢何种活动？有什么样的爱好？喜欢什么体育运动？你的兴趣爱好和他的相符吗？换言之，你们两个能够一起找乐子吗？而不仅仅是在床上。

重申一遍，这并不是说女性的性格对王子来说不重要，也不是说男性的兴趣对公主来说不重要。只是女性通常会首先注意到男性的性格，而男性通常会快速注意到女性的兴趣爱好，这说得通。女性通过谈话加深关系，男性通过共同活动加深联结，这已经是一个常识了。

对于寻找王子的女士来说，表现出与男士有相同的兴趣爱好是更容易的。关于如何让人爱上你，我已经给出了详细的指导手册。

但是通过这类技巧来俘获伴侣，存在两个问题。首先，你不可能永远维持这个谎言；其次，王子不仅比一般人更有洞察力，一旦他识破你的谎言，通常也更难原谅你。

假装是成功人士的代价

我想讲一位女性朋友的故事，我深爱着这位朋友，她因为策划失误而失去了王子。几年前，我去看望芭芭拉，她是我的一位老朋友。她刚和一位优秀的男士博纳德结束了一段感情，这位男士符合她对王子的所有定义，博纳德不仅富有、学识过人、心地善良、品行高贵，而且热爱古典乐，具有良好的艺术收藏品位，在托斯卡纳有一个度假屋。当他们一起去托斯卡纳的时候，他告诉她，自己喜欢和她在一起，胜过过去的所有女人。

"那最后出了什么问题呢？"我问。大概是一两杯酒下肚后，她坦白了一切，而且哭得梨花带雨，握紧拳头说："就差这么一点点，博纳德就要向我求婚了。"芭芭拉的故事讲了好几个小时，但我长话短说。

我认识芭芭拉已经有好几年了，我记得她最喜欢的课外活动是逛商场。我打赌她的墓碑上会写着："这就是购物狂芭芭拉，她一直在购物，直到生命的最后一刻。"

和大部分女人一样，芭芭拉已经厌倦了和那些小气鬼约会，但是她还没有在凯马特零售公司遇到高质量的伴侣，因此她决定去俘获一位高质量的伴侣。

芭芭拉听说，热气球旅行会吸引很多有趣的男人。许多热气球旅行家都很富裕，因为无论是租赁还是购买热气球都不便宜。她立马采取了行动。

芭芭拉首战告捷，她认识了当地的一位热气球飞行教练。芭芭拉不想花太多钱，因此决定用服务换取教练课程。有好几个周末，芭芭拉都和这个教练团队一起工作，帮助他们操纵设备，在地面寻找热气球，帮助飞行员打包，然后把热气球收起来。

计划很快奏效，她遇见了飞行员博纳德。他不仅热爱运动，而且是个有钱的单身汉。博纳德是位很有潜力的选手。

即使芭芭拉对这项运动还很陌生，博纳德也很高兴看到她对这项运动充满热情。虽然她还是个新手，但和他一样充满对体育的热爱。他们有空就一起出游，博纳德会带她登上热气球，教她如何驾驶。他们也会共进晚餐，讨论上次的飞行以及下次飞行的天气情况。他充满热情地让芭芭拉考取属于自己的热气球飞行员证书。其实芭芭拉并不想要这个证书，毕竟，她接触热气球是别有用心，而且现在她已经找到了王子。

> **Technique 技巧 42**
>
> ### 保持真我还是勉力维持
>
> 你的品质最好是真的，否则你将遭受两种可悲的后果之一。第一，一旦真实的你出现，你将会失去任何你欺骗过的有原则的人。第二，你会成功，但你的余生将会成为一个被堵住嘴的囚犯，被迫做一些完全没有乐趣的事。不建议你这样做。

然而现在她必须维持这个谎言，假装自己仍然很热爱这项运动。很快，在博纳德谈论关于热气球的笑话时，芭芭拉的笑声并不那么真诚了。在听到那些伟大的热气球飞行冠军的故事时，她的笑容渐渐开始凝固。在飞行员王子热情洋溢地谈论着下周末的冒险时，她的思绪开始飘走，她只想着下一次逛商场是什么时候。

芭芭拉其实很害怕在狂风大作的时候着陆，她听说那些架空输电线非常危险，她的恐惧与日俱增。最重要的是她已经厌倦了在凌晨起床，这正是热气球飞行家首选的发射时间。即使是飞行过后的香槟晚会也开始让她感到头疼。

最终在一个周四的晚上，芭芭拉告诉博纳德，她不想和他参加周末的热气球飞行，因为她有好几个月没做发型了，然后补充说也很久没购物了。博纳德很失望，但是没多想，直到这种情况一再发生。芭芭拉购物的时候，博纳德就和其他朋友一起乘坐热气球飞行,因此芭芭拉周末总是独自一人,他们见面的机会越来越少。

令人难过的是,博纳德在一个晚上告诉芭芭拉他遇见了新的人,一位狂热的热气球飞行爱好者。芭芭拉受到了重创,在嫉妒的怒火中,她要求看这位女士的照片。当看到博纳德的新女友既不漂亮也不时髦时,芭芭拉的愤怒之情让她口不择言。博纳德却回复说这位新女友"更喜欢把钱花在热气球上,而不是花在漂亮的衣服和美容沙龙上"。这一点在博纳德眼里是非常重要的品质,一个芭芭拉曾经假装拥有过的品质。

对于芭芭拉来说,最为悲剧的莫过于曾经伪装成功却无法持续下去。当博纳德发现这一切都是她装出来的,他立刻意识到自己再也无法和芭芭拉长期相处了。

这究竟是因为芭芭拉不爱热气球,还是因为她撒了谎?可能两者都有。

当然,在表达对热气球的喜爱之前,芭芭拉确实犯了一个严重的错误。她应该对着镜子认真反思,问问镜子里的女孩:"你更喜欢在云端冒险的生活,还是喜欢在商场里大快朵颐?"

Technique 技巧43
寻找情投意合的人

寻找你真心喜爱的活动,同时保证这些活动也要吸引潜在优质伴侣,这样才会有长久的发展。

然后她应该问自己："我和潜在优质伴侣的共同爱好是什么？"

既然芭拉拉如此喜欢购物，她可能在高档拍卖场才能找到梦想中的伴侣，至少享受拍卖并不是一种谎言，作为一名购物狂，她还可以继续沉迷于这类活动。

"异性相吸"存在吗

那你可能会问，"异性相吸"法则呢？确实，在某种程度上，而且仅仅是短时间内，异性相吸法则会起作用。短期内，异性相吸法则会产生很劲爆的效果。但是对于严肃的关系，例如婚姻，却并非如此。

多年前，我还是泛美航空公司的空乘，当时我和一位名叫特雷莎的女士一同飞行，我们总是争取同一班次的航班，因此我很了解她。特雷莎来自一个教养严格的天主教家庭，实际上，她曾经想成为一名修女，后来觉得修道院的生活不适合自己，于是走了另外一条不同的道路，那时候我们都叫自己乘务员。

一次在利比里亚转机的雨夜，特雷莎告诉我她交到了新男朋友，等不及要介绍给我认识。她花了整整几个小时介绍理查德。"他是一位很棒的舞者，爱聚会，经常能迷倒所有人。"她红着脸说。

我们回到基地以后，特雷莎邀请我去她的公寓见这位新男友。当我在门厅里与她拥抱时，我越过她的肩膀，看到了那位令特雷莎心动不已的男子。我惊呆了，他没有站起来和我打招呼，仍然斜倚在沙发上，一只手还放在后面，甚至根本没有向我的方向看一眼。他保持着这个自大傲慢的姿势，裸露着半边胸膛，戴着一条毫无品位的大金链子。雪上加霜的是，他还在抽着手卷烟，直到今天我都不知道他抽的是不是烟草。

那个夜晚变得越来越糟，因为他在不停地讲一些无趣的笑话。幸运的是，特雷莎没有意识到他的有些笑话充满色情意味。特雷莎坐在那里睁大眼睛微笑着，就像一个小女孩第一次看到米老鼠。显然，特雷莎对这位男士印象深刻，因为他与她之前遇到的那些牧师或教区居民都不一样。

在下一趟航班上，特雷莎告诉我，她与理查德已经分手，我松了一口气，她现在也明白了自己曾对他短暂迷恋的原因，并且承认了这一点。在经历过一段宁静的日子后，她仅仅是想在野外散个步，找点儿新鲜感。

任何遇到特雷莎和理查德的人都会认为，他们两个在一起，仅仅是因为"异性相吸"，但他们忘了说"这段关系不会持续太久"。

一出好戏

在某些时候，人们对相似性的追求几乎到了变态的地步。下次如果你听到熟人抱怨伴侣是一个神经过敏的人，那你也应该怀疑你的这位朋友或许也有一些神经过敏。心理分析学家证实，神经过敏症患者总是互相吸引。实际上，一个人越疯狂，就越有可能找到更疯狂的伴侣。正常女性受到骗子的吸引，或者老实男人受到坏女人的吸引,这样的故事都会是一出好戏。但在现实生活中并非如此。有时候人们会和那些精神分裂症患者、有变态撒谎癖的人,或者有其他各种各样缺陷的人纠缠不清,但通常情况下,这些人只是想放飞天性。

这听起来是不是有些政治不正确,我为此道歉,但我只说实话。一项名为"婚姻选择和求偶进展对男性健康的影响"的研究也为后代证实了这一点。一位颇具名气的研究者让九十九对情侣填写心理测试,这些情侣已经订婚或者关系步入稳定期。每个人都必须填写大量的心理量表,例如焦虑水平、自尊水平和抑郁程度。

> Technique 技巧 44
>
> ### 保持真实,或者消失
>
> 在寻找更好的伴侣方面,我不断重复过的话在此显得尤为真实。一位富有创造力、家境殷实、容貌过人的男士或女士不一定会选择在各方面都与他们匹配的人,但是一位富有原则性的人永远不会降低自己的标准。如果你想要一位高贵的伴侣,首先自己就要变得理智和真诚,在生活的各方面都恪守准则。

六个月后这些受访情侣再次填写问卷,报告关系的进展。结果证明精神健康水平相似的情侣比那些相异的关系要进展得更快。这项研究也证明了"同性"相吸，即使有时这很疯狂。

对于寻找潜在优质伴侣的人来说，很重要的一点是如果一个人身心健康、聪慧过人，那他也会倾向于选择同样身心健康而又乐观向上的人。

所以在寻找高贵的伴侣时，最重要的一点是什么呢？很简单，就是你也必须保持高尚的道德水准，做一个好人。永远不要让谎言或者低劣的行为使自己贬值，为自己的身心健康投资，保持乐观向上，照顾好自己的身体。

Chapter 6

如何俘获独一无二的伴侣

驯服神秘的王子或公主

神秘的王子或公主是什么样的？神秘的潜在优质伴侣可能在许多方面都很优秀，同时也拥有你渴望的高度个性化的品质。请用心思考，你想在第二天早上醒来遇见什么样的人，富有创造性的、文质彬彬的，还是富有艺术气息的？你是喜欢受教育程度高的、博学多识的、聪慧过人的还是极富天赋的内心？也许是一位音乐家、作家、演员或者社会名流？

阶层观察家保罗·福塞尔将这类富有创造性的人称为神秘类型。他说："做一个神秘人物就像拥有自由和社会顶级的权力，但并不一定腰缠万贯，神秘人士是非物质的贵族。"[29]

但不要把神秘人士和神秘的一代人搞混，神秘的王子和公主可能存在于各个年龄段的人群中，事实上有许多神秘人士年龄偏大，有些人可能会将他们称为功成名就但正在老去的嬉皮士。

尽管神秘人士并不一定有古怪的父母，但他们可能在小时候就展示出一些神秘的迹象。这些人在他们的孩童时期总是不与其他人相处，他们可能不会和其他孩子一起跳房子或者玩跳绳，他们更倾向于偷偷溜进后院和小鸟玩耍，他们可能会画下小鸟、拍下小鸟、研究小鸟、在脑子里幻想和小鸟发生各种故事、与小鸟跳舞，甚至是解剖小鸟。这类小时候的"怪孩子"长大后可能会成为艺术家、导演、教授、作家、舞蹈家或生物学家。对这类不寻常的人来说，好奇心和创造力是他们的两大特质，热情是支撑他们走下去的动力。

大部分神秘类型的人是自由职业者，因为他们可能很难与他人合作，或者无法忍受每日打卡上下班的无聊、平庸的生活。有一些人甚至可能会从事体力活来发展他们称之为"技艺"的东西。当你问起职业，他们会回答音乐家、艺术家或演员，但是他们往往不会透露自己也要付房租，因此他们通常在当服务员或者开出租车，以追求自己的创意梦想。

神秘人士并非生来如此，他们可能来自极端富裕或极端贫穷的家庭，进入世界的方式完全不一样。随着越来越多的神秘人士年岁渐长，他们逃离父母，奔向大城市，追寻自己的艺术和创意工作。这类人中有许多逃离了安稳富足的生活，也有许多逃离了城中心的贫民窟，然而大部分都是来自郊区的中产阶层逃避者。

他们可能受过良好的教育，不管是在学校接受教育还是自我教育。有些可能以优异成绩从魔鬼训练营般的学校毕业，希望把有趣的生活当作解脱，逃离平庸的日常。大部分人是白手起家，走上艺术之路或者其他不寻常的行业。他们中许多人是用双手工作，比如做雕塑，创造独一无二的工艺品，或是沉浸在油画中，在画布间徜徉。

还有一类神秘人士选择炫耀的、高调的生活方式。他们是电影明星、体育明星或者发明家，因为独特的创造而名噪一时。

我曾经参加过一个聚会，地点是一位意大利裔美国人的豪宅，他对人亲切友好，但有些疯狂。他曾经修建了一条水道，连接各个房间。他会穿黑色长裤和条纹衬衫，戴着边缘系有红色缎带的白色草帽，划船带乘客游览自己的宅邸。

在他们的习惯栖息地追踪

使用近距离法则俘获神秘人士会更加困难，因为尽管许多神秘人士都会涌向艺术社区，但也有很大一部分人有另外的住所。有一些人家境殷实，但保持低调，选择住在肉类加工区附近，或者是林中小屋、废弃教堂、自制船屋等。如果他们有一所房子，那一定是颇有历史的房子，而且精心设计过，或者这所房子由他们亲手建造。他们喜欢定居在山里或者悬崖边上，他们看重的是风景，而非安全性。如果他们的家是自己造的，那可能形状奇怪，例如拥有球形屋顶或者三角形的屋顶，我曾经遇见过一位神秘人士，他有一个价值三十万美元的树屋。还有许多神秘人士选择住在国外，巴黎是他们的首选，还包括巴基斯坦的卡拉奇和东萨摩亚首府帕果帕果。

因为有许多神秘人士是艺术家或作家，他们通常住在阁楼公寓，在设计精良的咖啡馆中花大部分时间思考人生，或者仅仅是空想。你可能会看见他们盯着虚空，手里拿着笔，眼睛聚焦在卡布奇诺、法布奇诺或者不加奶的大杯拿铁标志上。桌上摆满了笔记本，他们可能会沉浸其中。这些笔记本里可能有下一本畅销书的标题、一份价值亿万的名画的草稿或是能让观众捧腹大笑的喜剧段子，也可能仅仅是一位富有创造力的疯狂艺术家的思维漫游。他们不会依赖背景、容貌或财富获得自己想要的，而是依靠才华。

除了咖啡馆，还有其他寻找神秘人士的地点，例如博物馆和古董店。社区饭店或者有民族风味的饭店也是他们经常出没的地方，因为许多神秘人士不愿意做饭，也不可能大费周章地去买锅碗瓢盆。有许多神秘人士是富有创造力的，他们可能经常花一整天在家画画、构思作品、雕刻、写作或者冥想，他们总是喜欢在夜间出行去酒吧或者饭店。

身居何处对他们来说并不重要，重要的是精神生活。神秘人士通常无拘无束、天马行空、有主见、对万事万物充满兴趣，最重要的是他们很自由。他们可能食不果腹，也有可能腰缠万贯；可能泯然于众，也可能享誉国际。对于许多人来说，名声固然是追求的目标，但最重要的是每一天都要过得自由，要追寻自己的灵魂。

许多神秘人士之所以取得很高的成就，是因为他们克服了童年的挑战。那些成功的神秘人士通常八面玲珑，通过自己的聪明才智取得自己想要的，除非他们生来就有过人的容貌或者财富，通常他们依靠创造力去选择伴侣。

用大脑而不是肌肉来获得他们想要的东西

我所知的身材最矮小的神秘人士大概五英尺四英寸高，但在获得女性的青睐方面，可谓是最大的赢家。我的朋友杰夫是一位富有天才创造力的喜剧演员，他被邀请在全球企业界巡演，分享自己具有创造性的表演。他的臀部很大，幸运的是他的大脑远比臀部更吸引人。实际上，杰夫在当地算得上是赫赫有名。

几年前我们曾经共进午餐，他告诉我，大约有二十位男性被邀请去参加癌症治疗协会的竞标活动。他说其他人都很有竞争力，有足球运动员、当地名流，还有许多身材魁梧性感的男士。

我知道杰夫想获得女士的投标，主要有两个原因：一是他深信癌症治疗事业以及这些捐款会投入慈善事业；二是他不想成为标价最低的那一个。

这场拍卖的规则限定，他不能在投标前与任何一位女士讲话。我听说所有女士只能看图片，阅读这位梦幻伴侣的介绍，因此我对他并不抱太大希望。

几个月过去了，我没有和杰夫聊过。后来我在一个演讲大会上碰见了他。我很犹豫要不要问那段投标的经历，因为我觉得这可能会让他尴尬，然而好奇心占了上风，我问他："杰夫，癌症治疗协会的投标进行得怎么样了？"

杰夫说："还不错。"

"快给我讲讲。"

"好的，"他说，"我面临的竞争确实很激烈，所以我决定进攻细分市场，采取基本的市场策略。"他补充道，"从个人经历来看，这些年来我约会过的女性中，有三分之一都养过猫。她们是猫咪的狂热爱好者，所以我为猫咪爱好者特意准备了一个约会套餐。

"首先我会安排司机开着高级轿车接我和约会对象，然后带我们去动物园。主展厅有来自世界各地的奇珍异品猫咪。然后我们在当地一家猫咪主题的餐厅共进烛光晚餐。这家餐厅放在餐桌中央的装饰品是猫尾巴和猫猫抱枕。

"高级轿车载我们去看舞台剧《猫》，路上欣赏凯特·史蒂文斯的音乐作品。为使这个夜晚恰到好处，我还刊登了让梅伦卡兹博士（谐音是猫）在格兰特纪念碑表演的消息。这简直是猫咪爱好者的梦想约会。"

这时候我对问题的答案有了更加乐观的态度，于是我问："那最后的结果怎么样？"

"当晚我拿到了出价，第二高的投标。迈克尔·汤姆卡雷克拿到第一名，他是芝加哥熊橄榄球队的四分卫。"神秘人士在创造力、幽默和智慧方面总是会大获全胜。

神秘人士会结婚吗？当然会，但通常是在与伴侣生活几年甚至有了小孩之后。他们的小孩和他们一样只穿纯动物制品，永远不会穿印有笑话的运动 T 恤。总的来说，依据个人看法，他们确实很酷，和这样的人生活在一起，永远不会无聊，前提是你要承受得住。

你应该知道的事情

既然你已经读到这里，你是否还深信自己想要和神秘人士在一起呢？如果答案确定那就请继续读下去吧，但是一定要准备好，这场旅途不一定顺利。神秘人士可能会爱你，但是他们真正热爱的可能是事业，有一些甚至将事业升华为使命。

关于神秘人士，你还应该知道一些事情。在展开对他们的追求之前，一定要先了解这些事项，不管这位神秘人士拥有什么样的品位，可以确定的是，他们一定会坚持这个品位。他们喜欢探索未知，到人迹罕至的地方，开辟一条史无前例的路；他们可能会全神贯注地盯着法语广告牌或者十七世纪的祭司法衣，或者是研究残疾的昆虫；他们可能一直处在成长与变化之中，不仅仅是兴趣方面，也有可能表现在衣着和烹饪上，可能这周他们穿着西藏的藏袍，下次就穿着和服和宽松外衣；他们或许会喜欢土耳其或印度、中国的美食，之后又成为素食主义者、有机食物爱好者和健康食物的追捧者，只穿天然麻织品做成的衣服。

他们也可能会毫无预兆地发狂，时间持续一个月，只穿着"美国制造"的衣服，大口吞食巨无霸、甜玉米、热狗、芝士牛排、曲奇饼干和柠檬派。神秘人士很难归类，因为他们与众不同。就像任何一种不喜欢被囚禁的动物一样，神秘人士总是很难被俘获。

对你来说，这一切都归结于"我能承受多大的差异"。神秘人士总是在许多方面与众不同，他们中有很多人非常孤独。正因为如此，许多人怀疑他们的性偏好，但实际上只是因为他们没有找到合适的伴侣，他们的择偶标准太过独特，很难满足。

做你自己，展示你最有趣的那一面

关于如何俘获神秘人士，最重要的是做自己，做最有趣的自己，对自己的智力和品位要有充分的自信。

住所反映个性。你会如何装饰家居？是像他们一样不拘一格吗？你可能不会看到和谐的色彩，也没有匹配的材料，甚至不会有成套的家具、餐具或玻璃用具。在神秘人士的家中，一切都是独一无二的，包括他们自己。

所以请大胆地用各种风格来装饰自己的公寓，装上霓虹灯或者希腊时期大小不同、男女各异的裸体雕像，确保这些物品不会在博物馆现代艺术手册上被找到。你的公寓可以像古董家具店那样杂乱无章，或者像车库一样简单，但房间里的一切都要有故事。

Technique 技巧 45
在坦然无畏的氛围中相处

为了俘获神秘人士，你必须释放出一种一切都恰到好处的安全感，不管是你的住所还是你的思想都是如此。不要为任何事物道歉，不要为水池里的脏碗碟愧疚。即使把价值不菲的花瓶当作门框，也无须烦恼。大可以毫不犹豫地展示装满木兰或大麻的花箱。哎呀，你前一天晚上狂欢时把吊袜带挂在枝形吊灯上了！没关系，不要尴尬，不要脸红。

在神秘人士第一次参观你的公寓之前，一定要练习这样的台词："哦，这不过是我从西藏带回来的一件小玩意儿。"或者"那个吗？是我从菲律宾的卢邦小岛上带回来的。"或者"那个是我从尼加拉瓜的普林萨波尔卡带回来的。"

俘获一位真正的王子或公主最重要的是什么？其实很简单，同时也很复杂。要对生活保持好奇，充满创造力地度过每一天；做好自己的事情，不管对什么事情都要抱有热情；保持乐观，对自己的信仰始终如一，沉浸于自己的生活和一切活动，如果人们不接受也不要理会。你是有智慧的，充满灵性的，也是富有创造力的，应该保持自信。

我有一位好友名叫金伯利·文图斯-达克斯，她是一位鼓舞人心的演说家，也是我认识的最鼓舞人心的神秘公主之一。她用一种美妙的萦绕心头的声音向听众倡导："活出你生命中的每一刻。活得充实而自由。"而且，要充满信心和才华。

我们回到这句话：俘获神秘人士最重要的因素是自信。

Chapter 7

关键因素是自信
自我感觉就是一切

现在，在继续你的计划之前，让我们先回顾一下，确保你真的准备好进行大型狩猎了。"这是什么意思？"你可能会有这样的疑问，"显然，我想开始行动，找到一个更好的伴侣。"

没错，你可能会意识到，自己应该找到比青蛙更好的对象，而不是和青蛙生活在一起，你也会有意识地认为自己值得更好的；同时也会有意识地认为自己有勇气出门，去寻找更好的伴侣。但是人类是很奇怪的生物。新的研究表明，人类总是凭借直觉行动，凭借情感做出反应，但很少做出理智的决定。

假设在四月一日的夜晚，你乘电梯去见男性朋友或者男朋友。电梯门打开，面前是一副令人悚然的场景，一位套着尼龙袜的邪恶的男人伸出脸，手里还举着一把屠刀，向你伸出了拳头，你会怎么做？——你的心跳到了嗓子眼，肚子也开始难受，感觉下一秒就要吐在地板上。你的膝盖开始发抖，甚至尖叫起来。然后这位施虐狂朋友拉下脸上的长筒袜，放下刀子说："愚人节快乐！"

当你第一眼看见他的时候，是否会有意识地认为"得了吧，我知道这只是我的朋友（当然，经过这番恶作剧，他是不可能获得我的青睐了），他只是想吓吓我"。不，你当然做不到这理智，第一时间你只会凭直觉做出行动。

在追求伴侣时，直觉也会占据上风。比如你在一个聚会发现了梦想中的伴侣，对方看起来幽默风趣，风度翩翩。不幸的是，你的潜在伴侣周围还有一大群追求者。你的直觉是加入人群去追求他，相信自己可以拔得头筹、赢得他的青睐吗？大概你不会。

这时候许多想要获得优秀伴侣的人都会被一阵不安全感吓退，出于本能，他们会重新确认自己是否真的想要，然后转向其他看起来很孤单的青蛙，他们知道一定能给这些青蛙留下深刻印象。你刚刚遇到的这些配不上你的人，可能明确表示想要和你约会，然后你又和仰慕你的青蛙在一起，事情再度重演。历史总是在重复自己，你又回到了青蛙池里。

然而如果你在潜意识中就真的相信自己配得上一个更好的伴侣，事情可能会有更好的结局。你会径直走入人群，自信地散发魅力，让对方的目光从身边那些追求者身上移开，或者你会本能地谋划一场颠覆性的进攻，在对方独身一人时迅速行动。如果你完全自信的话，你就会明白你的方法一定会奏效，赢得对方的心。但是如果你不够自信的话，你就只是在做梦罢了。

你认为这是无稽之谈吗？并非如此，这是被研究证明了的事实，这项研究名为"感知价值对于人际吸引的影响"。[30] 在这项研究中，研究人员对 752 名受试者进行评分，评分项包括他们的外貌、个性和智力。同时，控制组的每位受试者也要填写一份问卷，对自己的吸引力打分，标准与研究人员的标准相似。研究者惊讶地发现他们的客观评价和受试者对自己的评价大相径庭，换句话说，人们不知道自己对他人的吸引力和有趣程度到底如何。

几周后，研究者问了每位女性看似与第一阶段的研究并不相关的问题："你们想在理想约会对象身上看到什么样的品质？"之后研究人员将她们的自我评价和对理想对象的评价进行比较。

一个人认为自己的社交技能越强，就越有可能认为自己会得到更好的约会对象，他们认为自己能吸引超出一般人的约会对象。换句话说，对自己外貌评价较高的人，会认为自己能得到更好看的约会对象；对自己智力评价很高的人，会认为自己能得到更加聪明的约会对象，诸如此类。

> **Technique 技巧 46**
>
> ### 意识到自恋永远不会有坏处
>
> 还记得你过去说的某些人的坏话吗？虚荣、自负、势利、自大。这些都很不好，对吧？嗯，追求潜在优质伴侣的时候，有一点自尊心是必要的。这句话值得重复一遍，因为在所有合理怀疑都被证实的情况下，你认为自己越好，你就会得到"更好"的合作伙伴。

在这项实验结束时，研究人员让所有受试者猝不及防，不管是男性还是女性，都被邀请了。这些狂欢者都没有意识到这仍是实验的一部分。研究人员想看看，最终什么样的人能够走到一起。果然，受试者对自己的评价越高（不管这份自我评价是否准确），客观上他们也会获得更有吸引力的伴侣。

六个月后，研究人员重新调查了这些人，大部分人仍在与当时舞会上相识的对象约会。因此，这项名为"吸引力理论"的研究获得了证实。

另一项专业杂志上的研究证实了吸引力理论。我在此引用一下："在我们的社会中，一位男性在向女士求婚时，通常会总结出自己的社会属性，并暗示女性在这些方面可能并非同样优秀到可以阻止合作关系。"[31]

对于两性来说都是如此，作用是相互的。

可以驾驭一切的品质

其实说到底，无论是尊贵、富裕，还是高品位、华丽，抑或是有创意的公主或王子，想要吸引他们并与他们相处，最重要的品质就是自信。自信并非自大，也并非自以为是，更不必沾沾自喜，而是要保持安静和低调。你必须在私下里，让人深刻地意识到你的内在和外在都很美，配得上一位优秀的伴侣。当你让伴侣感觉到他们是最好的，就已经播下了长久相爱的种子。

不用怀疑我的话。两位世界上最受尊敬的人际吸引研究者进行了大量对照研究，所有的调查都指出了无可辩驳的事实。

他们总结说，所有让人爱上你的品质（包括外表）都排在自信之后。事实证明，在美貌、金钱、个性和所有其他吸引力之前，最重要的是放松，是保持低调的自信。[32]

你可以有惊为天人的美貌、不可一世的财富，或者如阳光一样耀眼，还拥有高尚的道德准则，但是如果没有自信，俘获王子或者公主的可能性就会大大降低。如果没有自信，你可能根本无法遇到潜在优质伴侣。

人性投资与回报率

如果没有自信，你还不适合现在就去追求梦想中的伴侣，毕竟你会想，"他比我要好得多，那为什么会考虑我呢？"许多人在生活中的大部分领域都非常自信，但是在令人激动的潜在伴侣面前，大部分人都失去了自信。突然之间英语似乎变成了第二语言，在我们想要给对方留下深刻印象时，生命早期的不安全感都探出头来，影响我们的表现。人类本性中有一条基本法则：回报越高就越不敢追求。找到永久伴侣，也许是生活中最大的成就和奖励之一。

我的外国版权书代理是一位年轻女性，我和她成了专业上的朋友。她叫索菲亚，为人风趣幽默，充满智慧，同时也很漂亮。当她与我或她的任何同事谈话时，看起来非常自信，充满深刻的见解。我可以证实，她的确优雅动人，机智幽默。简而言之，她会让所有男人眼前一亮。

在一场商务对话中，我提起《如何让你爱的人爱上你2》

这本书中关于自信的一章，我猜这个话题点燃了她的热情，因为她变得很激动！"耶，莉尔，"她说，"你说得太对了，这确实很恐怖！"

"什么很恐怖？"我问，对于她的反应我很困惑。

"害羞。"她说。

"但你不害羞，索菲亚。"

"现在不害羞罢了。当涉及我熟悉的人和事的时候，我很自信。但说到男人，我指的是我喜欢的男人，就不一样了。"她接着告诉我，每次在派对上，她和女性朋友们会发现房间里最酷的男人。当大家都在偷看他时，她说："某个自信又妖娆的女人会径直走向他，然后整个聚会和他腻在一起——谁知道之后还会发生什么。都是因为我没有勇气接近这个帅哥。如果我对他不感兴趣，那也没关系，但是……"

换句话说，索菲亚对青蛙和她的朋友们很自信，但王子们吓到了她。那么这样的女人最后会和谁在一起呢？你说得对，青蛙绝对配不上她。

对于一个男人来说，这个问题更糟糕，因为他觉得，能让他认识公主的方法就是朋友介绍（除非他所有的朋友都是高端人士，否则就做梦吧），或者去搭讪。先生们，如果你们害怕搭讪，那你们并不孤单。在任何一个特定的聚会上，99.99%的男人都会环顾四周，找到房间里最漂亮的女人，然后花整个晚上密谋和她见面。他们一遍又一遍地排练开场白，就在终于鼓起勇气接近时，其他人捷足先登了。于是他们放不下这件事，觉得自己被拒绝了，但他们甚至都没有和她说话！为什么？是的，因为他们缺乏信心，不敢采取行动。

他们到底哪儿做错了

即使你已经和一位优秀的伴侣开展一段关系，如果没有自尊，你还是会在无意识中搞砸这段关系。罗布是我的一位老朋友。他非常优秀，也非常英俊，实际上他的长相算得上很出众。我曾经开玩笑说，他可以登上女性向爱情小说的封面，一头金黄色的长发和宽阔的肩膀会让路过的所有女性为之回眸。

罗布没有上完高中，但他自学成才，而且颇具艺术天分。他的职业生涯非常成功，在高档钱包和手提箱皮具行业取得了不俗的成绩。他的事业蒸蒸日上，现在管理着十几个人。

我曾经邀请罗布参加我的一位女性朋友的签售会。在聚会上，罗布认出了一位非常有名的作家，他告诉我他读过那位作家的几本书，而且很喜欢。那位作家是拉奎尔，她的书确实能够陶冶性灵。正如书中的许多观念一样，她也非常迷人。她曾经在巴黎索邦大学就读，大家都说，拉奎尔是名副其实的美国公主。

"罗布，"我说，"别告诉我你有多喜欢她的作品，去告诉她，拉奎尔是单身，你知道的。"罗布脸红了，喃喃地说了些自嘲的话。

"别傻了，"我说，"她很想见你。"当我看到他太害羞而不敢采取行动时，就拉着他的手，把他拖过来，将他介绍给拉奎尔。

"拉奎尔,"我说,"我想让你见见罗布。他告诉我他几乎读过你所有的书,是你的超级粉丝。"

我看得出拉奎尔对罗布的美貌和举止印象深刻,我们女人对这些东西有嗅觉。当他们聊得兴高采烈时,我优雅地踮起脚尖,祈祷罗布能继续在拉奎尔的评价中获得高分。

他确实做到了,他们开始约会。我很激动,作为一个不可救药的恋情观察者,每次我们交谈时,我都会问他一些细节,显然事情进展得非常顺利。

几个月后的一个星期四晚上,罗布打电话告诉我,他和拉奎尔周末要离开。重磅新闻:他要向她求婚!他因自己能迷住这样一位可爱的公主而欣喜若狂。他爱她的美丽,爱她的陪伴,爱她的坚守原则。他想和拉奎尔共度一生。他告诉我多希望她能接受。

"我也希望。"我说。

当然,星期一早上的第一件事,我就给罗布的工作室打了电话。

"嗯?怎么样?"我问。

"呃,我待会儿给你打电话,莉尔。"他说。很明显,有什么不对劲的地方。罗布没有打电话。星期五下午到了,对朋友的好奇和关心折磨着我,我决定再试一次。

罗布接电话时,他的声音显得异常阴沉。"罗布,你求婚了吗?"我问。

"没有。"他回答。被我追问时,他几乎哽咽着告诉了我整个故事,罗布这样的大男孩的自尊心只允许他这样倾诉。事实证明，虽然罗布很爱拉奎尔，他也知道对方爱他，但他承认和拉奎尔的家人在一起时，他总是感到不舒服。他把那些人称为"她的高级朋友"，还提到她带他参加的那些"花里胡哨的聚会"。

"但是罗布，为什么？你比他们更迷人、更有趣、更英俊。"

"是的，但他们都受过比我更好的教育，他们都很优雅。我们在一起的时候，我总担心拿错了叉子或是读错了什么东西。"

"这没什么大不了的，"我向他保证，"如果她真的爱你……"

"哦，我想她确实爱我。"罗布打断了我的话。事实上，罗布说，她甚至深情地半开玩笑，把他称为"她最喜欢的也是唯一的学生"，试图教他所谓的"国王英语"。罗布说，他已经同意了，甚至欢迎她纠正他的读音。

"然后呢？"我问。

"嗯，"他的声音开始变小，"这简直太荒谬了。上个星期五下午开车去旅馆时，我告诉她我的朋友邀请我们参加他举办的大型聚会。事实上，我说，'他是写给你和我（主格）的'。"罗布说。

拉奎尔习惯性地用温和的声音纠正他："你的意思是'他写给你和我（宾格）的'。'我'是间接对象，是宾格而非主格。"

罗布继续说："莉尔，我就是在那时候把一切都搞砸了。我说，拉奎尔，该死的，你那些大人物朋友总是邀请我们参加聚会。这是我能带你去的第一个上流派对，你却在挑剔我的语言！"

"后来我真的搞砸了,"罗布说,他的声音很刺耳,"我告诉她,我无比厌倦她那些'势利的朋友总是轻视我'。我不知道我是怎么了,莉尔。我想一切都是积压已久的爆发。"

"拉奎尔告诉我,她的朋友并没有看轻我,他们觉得我很酷,但是……"他的声音渐渐变小了,他说他一会儿给我打电话。

可悲的是,结局显而易见。一直以来,罗布都觉得自己不够出色,他觉得得到拉奎尔很幸运,但在内心深处,他觉得自己配不上她。他试图达到她的水平,但他认为自己没有达到,这种想法显然在折磨他。他没有温柔地告诉她,而是爆发似的发泄情绪。他的内心似乎住着一个痛苦的怪物,最终毁了这段关系。

罗布和拉奎尔没有结婚。她曾默默提出要带他回家,此后他一直没有回电话。

是不是罗布配不上她?绝对不是。我们探讨过的,他们各方面都完美匹配。他英俊、富有、机智,而且有进取心。她才华横溢,受过良好的教育,有着很高的社会地位和声望。就算放在"权益规模"研究中看,他俩也很般配。

问题出在哪?罗布的不安全感。本来一切都很顺利,直到他因为缺乏信心而不可挽回地搞砸一切。如果罗布觉得自己配得上拉奎尔,他现在可能就在发结婚请柬了。缺乏信心会带来多么悲惨的后果!

当你有很高水平的自尊心,就会笃信优秀的伴侣喜欢你。正如克林顿夫妇所说,"高自尊的人会比低自尊的人更容易接受别人的爱。"没有自信，你就会担心潜在优质伴侣粗暴地拒绝你。

仰慕者定律

讽刺的是，如果你没有足够的自爱，就无法以合适的方式表达你对公主或王子的爱。通常感到不安全的人总是无时无刻不迫切需要全方位的支持。如果没有得到支持，出于伤心，他们可能会大发雷霆，迅速开始贬低自己，就像罗布那样。换句话说，你可能崇拜你的伴侣，但是如果你觉得有一丁点不安全感，你就无法恰当地表达你对伴侣的爱，同时对方的爱也会减少。

前述名为"感知价值对于人际吸引的影响"的研究证实了这一点。当参与者被告知（尽管这不是真的）有人仰慕自己，他们相比小组中的其他人会更喜欢那个"仰慕者"，[33] 最后选择和仰慕者在一起。反过来也是如此。除非我们觉得受到了欣赏，否则就不会渴望对方。

重点是，如果不安全感让你无法表达感激，对方的爱就会减少。你必须保持低调的自信，坚信能赢得优秀伴侣的心。没有信心，就无法做出行动，更不用说和对方共度余生了。

自我肯定是成功第一步

有两种方法可以重建你的自信：一是从内部开始，逐渐向外打开；另一种是从外部开始，逐渐向内部渗透。首先，从内部开始建立自信。你不需要花几千美元做心理治疗，更不需要每周躺在心理学家的沙发上，和对方聊上至少四五年。变自信有更好的办法，更快也更便宜（一分钱也不花），而且通常更有效。

你听说过身心之间的联结吗？本质上讲，思想对身体有很大的影响，同时，无论身体处在什么状态，都会极大地影响思维。这不是虚无缥缈的神话，而是已经被证明的事实。

一项针对牙科学生的研究显示，考试前后是学生最容易感冒的时期，对于那些面临重要考试、压力最大的学生来说，感冒最严重、时间最长，他们的免疫系统经历了最大程度的抗体数量下降；但是对考试完全有信心或者对生活态度比较随和的人，一点也没有受影响。

我亲眼目睹过这种影响健康的心理现象。我曾在游轮上执导《窈窕淑女》，当时是在阿拉斯加巡回演出，那个季节非常冷。我们在船上待了将近十四个星期，大家感觉糟透了。但没有替补演员，演出不得不继续。每个人都打起精神，尽力保持健康，大家大声唱着歌，结果每一场演出都没人打喷嚏。

最后一场演出结束的那天晚上，告别晚会上几个演员开始抽鼻子，有几个人因为头痛被迫提前离开闭幕式。第二天下船时我发现，几乎每个人，包括我在内，都出现寒战、发烧、流感、抑郁、喉咙痛、发烧、起水泡或以上几种疾病症状。我们节目的明星——可爱的小伊莉莎·杜利特尔出现在出口休息室时，嘴巴长满冻疮，涂上厚厚的唇膏也很难遮住。

扮演伊莉莎父亲阿尔弗雷德·杜利特尔的演员前一天晚上扭到了腰。等待下船的乘客不敢相信，这位步履蹒跚的演员前一晚竟然在舞台上扮演伊莉莎的父亲。那天我们唯一出现笑容的时候，就是他在候机室抓起麦克风唱起歌来，唱的不是"准时送我去教堂"，而是"准时送我去医院"。

演员们跟跟跄跄地从跳板上走下来，有的因为咳嗽弯下了腰，有的不停流鼻涕，有的双眼布满红血丝或者起了水泡，甚至吓到了小朋友。没有人怀疑过他们前一晚在舞台上的光芒。直到最后一次演出前，演员的身心都在极力控制不出差错。

证实精神与身体不可分割最有利的证据之一出现在20世纪80年代的塔夫茨大学医学院。心身医学的从业者可以通过一部录像来说服怀疑者。录像中，一个病人仰卧着，头枕在床单后面，所以他看不见自己的身体。他放松地喝着茶，和蔼可亲地聊天，对床单的另一面毫无感觉。与此同时，外科医生切开了病人的胸部，折断他的肋骨，并从肺中取出一片肺叶。那人的头脑被催眠了，因此感受不到痛苦的折磨。

自我探索让你更动人

既然已经证实精神状态影响身体，我们就必须意识到身体也能影响精神状态。当我们的身体放松挺直，没有紧张感的时候，眼睛就会明亮起来，脸上挂着笑容，似乎整个人都阳光起来，也会感觉更自信。紧锁的眉头消失了，出汗也变少了，心理也不再那么紧张。

压力引起的疼痛和早期疾病不会在身心健康状态下持续。当压力消散，自尊水平就会回升。就像空碗无法装金鱼，迈阿密养不了爱斯基摩犬，同样，在充满紧张和压力的身体中也无法培养自信。

对此，我总结了三点原则：探寻身体状态，自我观察定位，解决压力来源。

- **探寻身体状态**。每天都要给自己几次暂停缓冲的时间，保持静止状态（除非你在过马路）。你的肩膀会不会发出嘎吱嘎吱的响声？那么保持肩膀不动。你的眉头是否感到紧张？那么保持额头舒展。保持原来的姿势即可（做爱时除外）。寻找身体中紧张的部位。
- **自我观察定位**。在保持静止不动时，运用全部身心自我观察，我称之为身体检查。你要了解自己身体的每一个部位。你驼背吗？肩膀是否紧张？头侧向一边吗？还是有高低肩？你的脸皱成一团吗？还是紧握双手？这些都是身体易紧张的部位。给自己做一次精神检查，发现这些紧张的部位，你就已经定位了这些不够放松的地方。
- **解决压力来源**。现在，你已经定义了肌肉紧张的身体部位，可以慢慢移动，开始疗愈了。集中精神在身体紧张的各个部位。左肩的肌肉不够舒展吗？去体会这种感觉，然后慢慢放松，按摩肩膀肌肉，消除紧张和压力，放松肩膀，让肌肉慢慢回到没有紧张的状态。

深呼吸，然后慢慢吐气，同时让胳膊和双手放松，想象这些压力点就像冻得紧实的冰淇淋，感受冰淇淋上的奶油慢慢融化，变成柔软坚韧的布丁。继续让冰淇淋融化，直到变成液体。此刻紧张就会跟随引力从身体流到地下，你就已经解决了身体的紧张。

保持静止不动，每天做几次，改善身体的状态，慢慢就会改善生活，因为这类练习会带来高水平的自尊心。不仅如此，通过消除压力，你看起来会更加亲切动人。

> Technique 技巧 47
>
> **练习三点原则**
>
> 一天中可以多次进入静止状态，然后探寻自己的身体，找到紧张的身体部位，解决压力来源。在家里或者工作场所都可以试试这个技巧。每次设置十五分钟的闹铃，开始保持静止，探寻自己的身体。重复这个行为，直到养成习惯，获得一个放松的身体，身体放松之后，不安全感和压力就会无处藏身。

激情比天气预报还不靠谱

现在可以做另外一种类型的练习，有人称之为"灵魂搜寻"，也有人称之为"感受现实"，我倾向于称它为"探索自己"。

"我为什么想要一位更富有或者更高雅的伴侣?为什么想要一位更好看、更高尚或者更有趣的伴侣?"答案很明显,"因为这样会让我开心。"其实,开心是我们生活中一切行为的动力。

为什么要买好车?因为开好车会更开心,对吗?

为什么要买精致的套装?因为穿起来会更开心,对吗?

为什么要搬到一个更好的公寓?因为住起来会更开心,对吗?

大错特错!这样就算使你开心也不会持续太久。新的研究表明,我们会以非常之快的速度适应新事物。开更好的车、穿更好的衣服、住在更漂亮的地方,很快就会变成"基本线"。"基本线"之上的改善才能够使我们幸福。

20世纪90年代,一批顶尖的心理学家研究了人类的复杂心理,发现了人类幸福或悲伤的秘密。令人惊讶的是,他们发现基本的日常生活并不能决定情感状态。换句话说,长远来看,与富有的伴侣生活和与贫穷的伴侣生活并没有太大区别,你不会因此变得更开心;与富有吸引力的伴侣在一起,不会比与平庸的伴侣在一起更开心;与富有想象力的伴侣在一起,也不会比与普通的伴侣在一起更开心。

对此我的第一反应是,这一定是在开玩笑。我曾经确信,与一位优秀的伴侣在一起,一定会比和平庸的伴侣在一起更幸福。哈佛大学的丹尼尔·吉尔伯特曾带领一组享誉全球的研究人员进行研究,结果显示,人们总是高估情感的强度和持续时间。换句话说,对于已经拥有的事物,人们通常会不以为然。

如果你相信一位优秀的伴侣会让生活变得完美,请三思。

当你与理想伴侣步入婚礼教堂时,会感觉自己是世界上最幸福的人,但是起初的激动会很快退去,与渴望已久的心仪对象在一起,似乎也不如料想的那样开心。

相反,如果你和青梅竹马的人在一起,对方同样拥有不俗的外表和谈吐,家境和你般配,你也会同样幸福;而且还有可能更幸福,因为你们的共同点更多。

心理学家将这种预测自己感情的现象称为"情感预测"。他们发现情感预测比天气预测还不靠谱。实际上,大多数情况下,人们对幸福的预测都大错特错。

假如你嫁给了一位富有的伴侣,很快,在高级餐厅用餐和参加时髦聚会变成了习以为常的事物;华丽的衣服使你厌倦,最后也被堆在衣橱里;没过多久,法拉利驾驶起来和你的老福特车也没什么区别。甚至有时候你可能会怀念过去的生活方式,怀念烧烤架上的汉堡包,怀念牛仔裤,怀念自己跳上那辆破车的感觉。弗吉尼亚大学的著名心理学家提姆·威尔森在《人格与社会心理学简报》中写道:

> 人们通常意识不到自己对于享乐的适应速度有多快。过去的快乐很快成为生活的背景。每当新事情发生,我们很快习以为常。正是在这种习以为常的过程中,我们失去了快乐。

读本科时我有一位朋友理查德,他是法学院的学生,经常梦想着成为律师,然后迎娶一位美丽的妻子,在富有名望的律师事务所拥有体面的工作。过去几个月，他挑灯夜战复习应对司法考试，任何聚会或闲聊他一概不参加，只专心埋头读法律书籍。（坦白地说，没有他也无所谓，因为他总是在聚会时谈论侵权行为与合同。）很明显，理查德对成为律师这件事着了迷。他向我抱怨自己的饮食已经只剩下黑咖啡，这样他才能打起精神整夜学习。

那一天终于到来，他参加了司法考试。"非常难。"他说，但他满怀希望。在出结果之前，理查德提心吊胆了好几个月。

分数出来后，他发现自己失败了，于是心灰意冷。尽管他满口脏话地抱怨，但还是开始重新准备下一次司法考试。考试的那天又一次到来，但他又一次失败了。可怜的理查德把所有的法律书籍卖给二手书店，从此认定自己是一个失败者。

几年后，我在校友会上偶遇理查德，他向我介绍自己的新婚妻子，他们激动地告诉我，他们买了一些郊区的房子，然后进行修缮，以更高的价格卖出，这项买卖利润丰厚。他的妻子相貌平平，但很有才华，她是一位家庭设计师，擅长装修房屋，将院子里的花园打理得精致美丽。理查德负责销售与协商，争取拿到最高的价格。在向我讲述他们接手的上一所需要修缮的房子时，他充满了活力。

如果理查德成了律师，在市中心的律师事务所工作，每天为案件奔走诉讼，他会更快乐吗？有可能，但我保持怀疑。根据最近的调查研究显示，如果他过得好，他可能会和现在一样开心；如果他过得不好，那么悲伤程度也和现在不相上下。

心理学家发现，决定情感状态的是生活中一些微小的成功或失败,以及那些转瞬即逝的瞬间,即现有生活中的快乐与悲伤的瞬间。研究显示,在合理的情况下,不管和谁结婚,不管在做什么,你的幸福水平可能不会有太大差异。有些人的基因可能会导致肥胖或特定疾病,有些人的基因则决定了他们更快乐还是更悲伤。

> **Technique 技巧 48**
>
> ## 记住,想要得到一个人,就要先成为那样的人
>
> 更新的秘诀是什么?要想抓住王子或公主,你必须先成为其中的一员。根据你想要捕获的优质伴侣类型,你必须对我们讨论过的所有豌豆都很敏感,这些豌豆可能会错误地给你贴上"不配"他或她的优越心灵的标签。

然而,这并不是说我们不该用尽全力去生活。哈佛大学的研究专家丹尼尔·吉尔伯特曾说:"也许世界上少不了胡萝卜和大棒,即使这些只是幻想。正是这些幻想让我们趋利避害。"

看着理查德的脸,我可以确定,从卖房赚取利润这件事上,他得到了很多快乐,而且这些快乐与打赢一场重要的官司相比,也毫不逊色。他现在与这位富有创造力的妻子一起在乡下生活,比起娶一位貌若天仙的妻子,住在昂贵的高层公寓里生活,他

可能也同样享受，同样幸福。

但是如果回到过去，回到理查德第二次司法考试失败后，正当他处于愤怒之中，踢着街上的废瓶子，突然有一个鬼魂从瓶子中跳出来说："理查德，你将会生活在乡下，靠修缮房屋和出售房屋为生。"以理查德的性格，他一定宁愿选择自杀，也不愿过这样的生活。

假如这位能够预示未来的鬼魂告诉他："理查德，这样的生活会使你很幸福。""不可能！"他一定会这样反应，然后砸烂那个瓶子。

但鬼魂是正确的，理查德在一种截然不同的生活方式中找到了幸福。我们无法预知幸福或悲伤其实也有着积极的一面。有时我们会遭遇重大打击，一蹶不振，例如遭遇亲人去世。几年前我曾遇到过这样的事，当时我挚爱的肯在空难中去世。这是我人生中最痛苦的经历，我认为自己可能挺不过去，现在想起这件事我还会短暂地悲伤。但是痛苦并没有像我过去预想的那样频繁地袭来，悲伤的强度也没有使我一蹶不振。时间是善良的，现在我已经习惯了他离开这个事实。

当你获得自己想要的一切，却希望自己从未获得

与理查德的情况相反，有很多人实际上得到了曾经渴望的伴侣，也获得了自己过去渴望的一切。对此他们感到很满意，但快乐转瞬即逝。你还记得桑德拉吗？她曾经是一位嬉皮士，后来成了贵族查德威克的妻子，她就是一个最好的例子，她梦

想嫁给富有的人，最后也实现了愿望。

但是她很快发现，拥有一位全职管家、一名园丁和一名厨师并不能使她幸福。她以为在贵族的圈子里会快乐，但实际上她感到不舒服，和亲人在一起也时常不自在。可怜的桑德拉将自己封闭起来，整日借酒消愁。在"情感预测"这方面，她和许多人一样都做得不好。

桑德拉的经历并非孤例。我有几位朋友在接受理想伴侣的求婚时，认为自己非常幸运，现在却希望自己当初拒绝了求婚，因为他们正要离婚。通常我们会被某人的财富所蒙蔽，倾向于忽视对方的缺陷。

有许多女性都会被财富所蒙蔽，却没有勇气自力更生。最近我为一群颇具名望的男性做演讲，这些男性都是公司的掌权者，曾经日夜打拼，非常辛苦地建立起自己的商业帝国。演讲过后我们开始在不同的地方聚餐，在一所房子里喝鸡尾酒，在另外一个地方吃点开胃菜，然后再换一个地方吃鱼肉做的主菜……你明白的，就是这类聚会。那天晚上我参观了六所豪华宅邸，遇见了六位孤独而悲伤的妻子。我不确定她们中是否有人明白，当她们走向婚礼教堂时，新郎会领着她们走进镀金的笼子。

男性也会犯同样的错误。但更常见的情况是，男性被女性的外表所蒙蔽，而非对方的财富。很快他们就会因为从未遇见过的问题而备受折磨。对于容貌姣好的人来说，傲慢自大、对婚姻不忠、缺乏成就可能是常见的缺陷。爱慕者众多会导致傲慢自大，追求者众多会导致对婚姻不忠，缺乏成就呢？如果一切都唾手可得，为什么要费力争取呢？

我的一位朋友在这方面很幸运，他及时脱身，没有和一位美丽动人但生活奢侈的女士结婚，因为他注定不会快乐。罗布非常英俊，他喜欢皮革制品，总是会爱上擅长设计的艺术家。可能在不知不觉之间，他对于自身教育背景的自卑爆发了。你可能还记得他脱口而出："拉奎尔，该死的，你那些大人物朋友总是邀请我们参加聚会。这是我能带你去的第一个上流派对，你却在挑剔我的语言！"

罗布是不是很粗鲁？确实。他是一个幸运的人吗？答案显而易见。

他的生活可能会变得很悲惨，而且永远也无法适应这种悲惨的生活。我不是说所有美丽或富有的人都有隐藏的缺陷，只是想警告大家，在答应求婚之前应该了解更多。

对于行为高尚的伴侣或者富有创造力的伴侣来说，也是如此。他们高深莫测的梦想会让你觉得自己是个下里巴人，富有创造力的伴侣也会使你相形见绌。所有的研究都证明，平等才是最佳选择，没有一个社会研究者会认为，不相匹配的伴侣能够长久地走下去。

写到这里，滚石乐队的一首歌在我的脑海中回响。他们唱道："想要的总是得不到。"但我意识到这并不是问题，问题在于你永远也不知道自己想要什么。

> **Technique 技巧 49**
>
> **探寻对方的灵魂**
>
> 对于想寻找更优秀的伴侣的人来说,探寻灵魂到底意味着什么呢?这通常意味着你需要先检视自己的灵魂,让自己认识现实。如果你确实想要一位优秀的伴侣,请继续阅读本节;如果你并不想要更优秀的伴侣,那就合上这本书,感受自己的快乐或悲伤,接受自己本来的样子。

写在最后

你还记得豌豆公主的故事吗?在此我想重新讲述这个故事,因为这个故事传达出相似的关于求偶的美妙寓意。

曾经有一位王子想要迎娶公主,但是只有真正的公主才能嫁给他。这个国家有许多女士装作公主,试图蒙混过关。但是王子只想要真正的公主。王子踏遍千山万水,走遍全世界,只为寻找真正的公主。每当他以为自己已经找到梦想中的公主时,这位"公主"总是会露出马脚。因此,王子满怀孤独与悲伤回到家。

一天晚上风暴来临,电闪雷鸣,风雨交加,瓢泼大雨倾盆而下。突然间有人敲响了城堡的门。老王后轻轻地打开门，门外站着一位浑身湿透，被雨水弄脏的年轻女孩。雨水从她的头发和衣服上滴下来，污泥从她的鞋底冒出来。她为突然闯入城堡而道歉，声称自己是一位公主。

"哼，我们迟早会知道你是不是真正的公主。"充满疑心的王后不发一言邀请她进来。王后进入客房，让仆人拿走床板上的所有床垫，然后在床板上放了一颗小豌豆。王后大费周章，叫人从贮藏室拿来二十个垫子叠在床上，床垫上面又放了二十八层羽绒被。这位自称公主的女孩今晚就要睡在这里。

第二天早上，国王、王后和王子刚用完早餐，精神饱满地坐在餐桌旁休息。睡眼蒙眬的公主走下台阶，王后带着狡猾的神情问她睡得怎么样。

"噢，简直太糟糕了！"女孩带着歉意回答。"我几乎一夜没合眼，天知道有什么东西在床上硌得我浑身疼，太硬了，我身上青一块紫一块的。"

太好了！国王和王后一跃而起，开始跳舞，所有的仆人也开始庆祝。年轻英俊的王子终于找到了心爱的公主。只有真正的公主才会对二十层床垫和二十八层羽绒被下面的豌豆如此敏感。于是王子和公主成婚，从此幸福地生活在一起。

那颗豌豆现在在哪？如果没有被偷走的话，应该是放在博物馆里供人欣赏。

公主的故事就到此结束了，你的故事才刚刚开始……

在《如何让你爱的人爱上你2》这本书中，我列下了许多禁忌，这些禁忌很有可能冒犯到真正的王子或公主，就像安徒生笔下的公主被床垫下的豌豆硌得生疼。

无论财富有多雄厚，美貌有多吸引人，背景有多强大，一旦忽视我所列出的禁忌，你就会毁掉和潜在优质伴侣的未来。如果你第一次遇见王子或公主，请记住：

- 哪怕仅仅是一个小小的谎言、一次庸俗或者背叛原则的行为，都会使你远离高尚的伴侣。
- 如果你的桌子上摆着《国家询问报》这样的八卦杂志，马桶圈上套着皮毛坐垫，后视镜上挂着一对骰子，这会让上流社会人士对你嗤之以鼻。
- 一次不合时宜的恭维，或者出于错误的原因向对方展开追求，可能会让一位高贵的伴侣拒绝你。
- 如果你言语间透露出讨厌自己的工作，或是满怀热情地讲述当下流行的情景喜剧，你就会让富有创造力的伴侣立刻无视你的存在。
- 如果你没有自信，那你和所有的王子或公主都无缘开展一段关系。

关于如何俘获潜在优质伴侣的心，所有的规则我都已经教给你了。通过遵循这些建议，你就会成为更好的人。

我也会为你祈祷，祝福你能够找到理想中的王子或公主，然后幸福地与对方生活在一起。

Notes
注 解

1. Lieberman, David. 1997. *Instant Analysis.* New York: St. Martin's Press.
2. Graham, Dee, et al. 1995. "A Scale for Identifying Stockholm Syndrome Reactions in Young Dating Women." *Violence and Victims* 10(1):3–22.
3. Walster, Elaine, William G. Walster, and Ellen Berscheid. 1978. *Equity: Theory and Research.* Boston: Allyn and Bacon.
4. Walster, E., et al. 1965. "The Effect of Self Esteem on Romantic Liking." *Journal of Personality and Social Psychology* 1:184–87.
5. Bramel, D. 1969. "Interpersonal Attraction, Hostility and Perception." In Judson Mills (Ed.). *Experimental Social Psychology.* New York: Macmillan.

6. Moore, M. M. 1985. "Nonverbal Courtship Patterns in Women: Context and Consequences." *Ethnology and Sociobiology* 6:237–47.

7. *Journal of Personality and Social Psychology*, called "Half a Minute: Predicting Teacher Evaluations from Thin Slices of Nonverbal Behavior and Physical Attractiveness." 64(11):431.

8. Bossard, J. H. S. "Residential Propinquity as a Factor in Marriage Selection." *American Journal of Sociology* 38:219–24.

9. Zajonc, R. B. 1970. "Brainwash: Familiarity Breeds Contempt." *Psychology Today*.

10. Bossard, J. H. S. "Residential Propinquity as a Factor in Marriage Selection." *American Journal of Sociology* 38:219–24.

11. Walster, E., et al. 1966. "Importance of Physical Attractiveness in Dating Behavior." *Journal of Personality and Social Psychology* 4:508–16.

12. Major, Brenda, et al. 1984. "Physical Attractiveness and Self Esteem: Attributions for Praise from an Other Sex Evaluator." *Personality and Social Psychology Bulletin* 10(1):43–50.

13. Sigall, H., and D. Landy. 1973. "Radiating Beauty: The Effects of Having a Physically Attractive Partner on Person Perception." *Journal of Personality and Social Psychology* 28:218–24.

14. Hasart, Julie K., and Kevin L. Hutchinson. 1997. "The Effects of Eyeglasses on Perceptions of Interpersonal Attraction." *Journal of Social Behavior and Personality* 8(3):521–28.

15. Byrne, Donn. 1971. *The Attraction Paradigm*. New York: Academic Press.

16. Dickoff, H. 1961. "Reactions to Evaluations by Another Person as a Function of Self-Evaluation and the Interaction Context." Unpublished doctoral dissertation, Duke University.
17. Major, Brenda, et al. 1984. "Physical Attractiveness and Self Esteem: Attributions for Praise from an Other Sex Evaluator." *Personality and Social Psychology Bulletin* 10(1):43–50.
18. Blumberg, Paul. 1989. *The Predatory Society: Deception in the American Marketplace.* New York: Oxford University Press.
19. Malloy, T. E., A. Yarlas, R. K. Montvilo, and D. B. Sugarman. 1995. "Agreement and Accuracy in Children's Interpersonal Perceptions: A Social Relations Analysis." *Journal of Personality and Social Psychology* 67:692–702.
20. Fussell, Paul. 1983. *Class: A Guide Through the American Class System.* New York: Summit Books, pp. 194–97, with minor revisions by Robert Keel, 1999. (An earlier form of this was promulgated in 1935 by F. Stuart Chapin in his book *Contemporary American Institutions*.)
21. 同上。
22. 同上。
23. Lavrakas, J. 1975. "Female Preferences for Male Physiques." *Journal Research in Personality* 9:324–34.
24. Newcomb, T. M. 1961. *The Acquaintance Process.* New York: Holt, Rinehart and Winston.
25. Byrne, Donn. 1971. "Interpersonal Attraction and Attitude Similarity." *Journal of Abnormal Social Psychology* 62:713–15.
26. Darwin, Charles. 1874. *The Descent of Man and Selection in*

Relation to Sex (revised ed.). Chicago: University of Chicago Press. (Originally published in 1872.)

27. Perper, Timothy. 1985. *Sex Signals: The Biology of Love.* Philadelphia: ISI Press.

28. *Wall Street Journal,* "The Woman Shortage," *7 Dec. 2002.*

29. Fussell, Paul. 1983. *Class: A Guide Through the American Class System.* New York: Summit Books.

30. Backman, C. W., and P. F. Secord. 1959. "The Effect of Perceived Liking on Interpersonal Attraction." *Human Relations* 12:379–84.

31. Backman, C. W. 1952. "On Cooling the Mark Out: Some Aspects of Adaptation to Failure." *Psychiatry* 15:451–63.

32. Hatfield, E., and W. Walster. 1978. *A New Look at Love.* Lanham, Maryland: University Press of America, p. vii.

33. Backman, C. W., and P. F. Secord. 1959. "The Effect of Perceived Liking on Interpersonal Attraction." *Human Relations* 12:379–84.

About the Author
作者简介

莉尔·朗兹，国际知名沟通专家。莉尔是一位活跃的演说家，几乎在美国所有大城市都举办过讲座。她曾为《财富》世界500强企业的高管做过人际沟通方面的培训，为美国和平队、外国政府和大型企业办过沟通技巧讲座。她出版过十余本书，其中包括畅销书《如何让你爱的人爱上你》《遇谁都能聊得开》等。

她曾在纽约市数十所大学、学院做过演讲，在数百个电视、广播节目中出任嘉宾。

联系莉尔

你可以将自己发现的沟通技巧发送给莉尔，以便她将这些技巧分享给他人。她非常乐意收到你的消息，莉尔的邮件地址是：leil@greatcommunicating.com。

注册免费获得莉尔的电子杂志

你想从莉尔那里获得更多爱与沟通的技巧吗？注册即可免费获得每月沟通秘诀。登录她的网站：lowndes.com，点击"subscribe"即可。